삶의 이유

세움북스는 기독교 가치관으로 교회와 성도를 건강하게 세우는 바른 책을 만들어 갑니다.

삶의 이유

초판 1쇄 발행 2020년 5월 20일
초판 2쇄 발행 2022년 1월 20일

지은이 | 박길웅
펴낸이 | 강인구

펴낸곳 | 세움북스
등 록 | 제2014-000144호
주 소 | 서울시 종로구 삼일대로 428(낙원동) 낙원상가 5층 500-8호
전 화 | 02-3144-3500
팩 스 | 02-6008-5712
이메일 | cdgn@daum.net

디자인 | 참디자인
일러스트 | 전성경

ISBN 979-11-87025-64-1 (03230)

삶의 이유

박길웅 지음
전성경 그림

세움북스

Contents

목차

Part 1 혼자 걷기

목차

Part 2 함께 걷기

들어가는 글

저는 지난 9년간 필리핀에서 유학생으로 또 선교사로 사역을
했습니다. 가장 가까운 곳에서 청소년, 청년들과 밀착하며 살아
가는 동안 그들의 많은 고충을 나누며 믿음안에서 그들과 함께
씨름하였습니다. 때로는 같이 울기도 하였고, 때로는 같이 기뻐
하며 신앙 공동체의 참 맛을 누리고 있었습니다.

어느 날, 유학지를 떠나 고국으로 돌아가는 한 청년이 계속해
서 전도사님의 말씀과 메세지를 듣고 싶다고 말해주었습니다.
넌지시 던졌던 청년의 그 한 마디가 저의 잠자고 있던 감각들을
하나 둘씩 깨우기 시작했습니다. 그 이후 현장에서 그 청년에게
직접 말씀을 나눌 수는 없었지만, 인터넷과 sns를 통해 메세지

를 전달하게 되었습니다. 그런데 제가 sns를 통해 전달하는 메세지가 생각외로 많은 분들에게 긍정적인 반응을 얻게 되었고, 또 다른 꿈을 꾸게 되었습니다.

소요리 문답 제 1문 1답을 배경으로, 우리의 살아가는 이유와 목적을 분명히 하고자 '삶의이유'(reason that I live)라는 페이지를 만들어 페이스북과 인스타그램으로 메세지를 담아내기 시작했습니다. 처음에는 매우 어설펐지만 "잠자는 그리스도인 청년들을 깨우자"는 모토를 가지고 앞으로 힘껏 달려나갔습니다. 이 일들을 시작할 수 있게 큰 도움을 주었던 정호, 지은이, 책으로 투고할 수 있도록 도움을 준 자영이에게 이 자리를 빌어 진심으로 감사하는 마음을 전합니다.

부족하지만 이 책을 통하여 '잠자는 그리스도인'들이 다시 한 번 깨어나는 기회가 전해지길 소망합니다. 신학적으로 깊이 있는 좋은 책들은 세상에 많이 있습니다. 그러나 그 깊이 있는 책들이 모두에게 허락된 것은 아닌 것 같아 한편으로는 아쉽기도 합니다. 그래서 이 책은 매우 쉽게 누구나 볼 수 있는 내용들로 구성이 되어 있습니다. 내용이 쉽다고 해서 결코 대충 만들지는 않았습니다. 누구나 읽어 볼 수 있음과 동시에 누구나 생각하게 되는 묵상거리들을 모아놓았습니다.

이 책이 나올 수 있도록 귀한 사역들을 허락해주신 존경하는 송태근 담임목사님, 설교가 무엇인지 심장을 꺼내어 가르쳐주신 김대혁 교수님, 언제나 바울의 마음으로 디모데와 같이 부족한 저를 돌아보시며 기도해주셨던 신장성 목사님, 밤이나 낮이나 새로운 묵상에 좋아요와 댓글들로 응원해주고 구독해주는 '삶의이유' 모든 팔로워들, 사랑하는 하나고등학교 코람데오 졸업생, 재학생 친구들, 부족한 저의 원고를 채택해주시고 출간하기로 결정해주신 세움북스 강인구 대표님 예하 모든 직원분들, 그리고 날카로운 피드백과 따뜻한 기도로 게시물을 함께 만들어간 나의 영원한 동반자인 사랑하는 아내 은옥이에게 감사와 고마운 마음을 표합니다.

2020년 5월 11일
하나님의 크신 사랑을 입은자 **박길웅**

박길웅 전도사는 끊임없이 소통하는 사역자이다. 그가 "삶의 이유"라는 책을 통해 이 시대의 청년들에게 건네는 이야기는 어쩌면 그리 새롭고 놀라운 것은 아닐지도 모른다.

하지만 분명한 것은 박길웅 전도사는 청년의 눈높이에서 그들이 납득할 수 있는 방식으로 소통한다. 수많은 신앙의 질문에 대해 그저 당위론적으로 믿고 순종하라는 식의 대답이 아닌 사소한 질문에도 겸손하게 답을 건네며 그 과정 자체를 통해 예수를 닮은 모습을 손수 보여준다.

이러한 태도에는 박길웅 전도사의 따뜻한 인품이 묻어난다. 공감과 소통의 능력을 점점 잃어가는 신앙인들이 이 책을 통해 우리에게 먼저 다가오시고 공감해주신 그분의 은혜를 다시금 회복할 수 있기를 기대한다.

삼일교회 **송태근** 담임목사

내가 이 책을 추천한 이유!

쉽다. 하지만 예리하며 묵직하게 다가온다.

짧다. 하지만 여운을 남기고 성찰을 얻는다.

짚다. 청년의 마음과 생각을.

좋다. 혼자 누려도 함께 나눠도.

총신대학교 신학대학원 실천신학 **김대혁** 교수

@ chosm1468

하나님은 먼 곳에 있을 것 같았는데 '삶의 이유'를 통해서 하나님이 가까이 있다, 나와 함께 계시다, 그래서 감사하다고 생각할 수 있게 되었다.

@ hyeju_deborah

왜 사는가, 무엇을 위해 사는가 하고 삶의 이유에 대한 고민을 하다보면 무언가 거창한 대답을 내놓아야 할 것 같은 중압감을 느낄 때가 있다. 그러나 '삶의 이유'를 읽으면 큰 덩어리처럼 뭉뚱그려져 있던 우리의 삶이 하루하루로 나뉘어지고 그 하루를 살아내는데 가장 필요한 것이 무엇인지 알려준다.

@ kkh_0618

같은 믿음 위에 있다는 이유로 묵상 한 문장, 간증 한 마디에 공감을 하게 되고, 내 시선에서는 미처 바라보지 못했던 하나님을 바라보고 찬양하게 되는 글, '삶의 이유'이다.

@ silver_j21i

삶을 살아가면서 하나님과의 거리를 좁혀나가야 하는데 그렇게 살아가는게 쉽지 않음을 항상 느낀다. 하나님과 교제하고 경험해야 하는 시간에 세상의 것들에 물들어 가는 자신을 보며 반성하게 된다. '삶의 이유'를 통해 조금이나마 기도하고 자신을 돌아볼 수 있게 되었다.

@ sound._.poiema
우연히 알게 된 계정이 이제는 저의 일상에 함께하는 보이지 않는 동역자가 되었습니다. 삶 속에서, 특히 sns를 통해 하나님께서 주시는 감동이 큰 하루하루 입니다.

@ 7_hazel_9
'나'를 온전히 내려놓고 생각할 수 있도록 도와주는 묵상집!

@ in_my_blue
사람이 피조물 답게 살아갈 이유를 짚어주는 명료한 책!

@ in.zziyong11
이 책을 정독하면 그리스도인의 삶이 곧 신앙임을 깨닫게 될 것이다.

@ cantabile013
예수님 없이 시간을 보내다가 번뜩! 예수님 생각하고 닮아가려고 애쓰게 도와주는 책~!

@ yeo_n_e_
일상생활에서 흔히 보고 지나칠 수 있는 것들에 대해 창조주 하나님을 기억할 수 있도록 도와주는 '삶의 이유'!

추천의 글

기도의 응답

우리가 기도하는 대로 응답을 받는 "YES"

우리가 기도하는 대로 응답이 되지 않는 "NO"

그리고 계속해서 기다리며 기도해야 하는 "WAIT"

우리의 기도에 대한 하나님의 응답을 이해하기 위해서는,
크게 세 가지로 구분 지을 수 있다.

우리가 기도하는 대로 응답을 받는 "YES"
우리가 기도하는 대로 응답이 되지 않는 "NO"
그리고 계속해서 기다리며 기도해야 하는 "WAIT"

그러나 기다림(WAIT)은 언젠가 응답이 되거나(YES), 혹은
응답이 되지 않는(NO) 경우로 가기 때문에, 결국 우리의
기도는 응답이 되거나 응답이 되지 않는 'YES or NO'로
구분할 수 있다.

하지만 기도에 대한 하나님의 응답을
더 깊이 있게 이해한다면,
한 가지 결론밖에 없음을 이내 알 수 있다.

그것은 바로,

우리의 기도에 대한 하나님의 응답은

Always 'YES'라는 것이다.

우리가 기도한 대로 응답이 되어도 '하나님의 뜻'이고,

기도한 대로 응답이 되지 않는다 할지라도

그것이 바로 '하나님의 뜻'이기 때문이다.

결국 우리의 기도에 대한 하나님의 응답은

언제든 YES이다.

물론 내가 원하는 대로 이루어지지 않는다 할지라도,

그것이 하나님의 뜻이라면

그것이 바로 최고의 응답(BEST ANSWER)이다.

기도는 나의 뜻을 하나님께 아뢰는 간구의 의미도 있지만,

하나님의 뜻을 알기 위해 하나님에게

간절히 매달리는 것이기도 하다.

더 나아가 기도는 우리에게 주신 하나님의 뜻에 순종하여

그대로 살려고 몸부림치는 통로가 되기도 한다.

오늘 우리의 기도 가운데 주신 하나님의 응답은 무엇인가?

그리고 당신은 하나님이 주신 응답에

'순종'할 준비가 되어 있는가?

그렇다면 당신은 언제나 하나님이 주시는 최고의 응답을

기대하며 기도할 수 있는 특권을 누리는 삶을

살고 있는 것이다.

02

헌금, 꼭 해야 하나요?

헌금은 우리가 물질을 만들어 내기까지 드리는 모든 시간, 육체적 노동,

정신적인 집중, 그리고 감정이 포함된

우리의 '전인'이 담겨진 '우리 자신'이 되는 것이다.

주일헌금, 십일조, 감사헌금, 건축헌금, 각종 절기헌금.
셀 수 없이 수많은 종류의 헌금들은
우리의 마음을 어렵게 한다.

그런데 꼭 헌금을 드려야만 할까?
예배에 참석하는 그 자체만으로도 충분히 우리의 마음이
하나님께 드려지지 않았을까?

물론 예배를 드리는 우리의 중심이,
봉투에 담기는 종이 지폐보다 훨씬 더 중요한 것은
틀림없다. 그러나 우리의 중심을 예배라는 틀 안에서
가장 잘 표현할 수 있는 것은,
바로 우리의 마음이 담긴 '물질'을 드림이다.

하나님은 돈이 없어서 우리에게 구걸하시는 분이 아니다.

그럼에도 불구하고 우리는 하나님 앞에

마음이 담긴 물질을 드림으로

우리의 중심이 하나님께 있음을 고백할 수 있다.

한 사람이 두 주인을 섬기지 못한다고

주님은 분명히 말씀하셨다.

그렇다면 우리가 세상에서 가장 아끼고 사랑하고 있는

'돈'을 제물로 하나님 앞에 드릴 때,

내가 사랑하는 물질보다 훨씬 더 높은 곳에 '하나님'이

계심을 인정하는 고백이 되는 것이다.

우리가 드리는 헌금은 단순히 매매를 가능하게 하는

돈과 재산의 의미를 넘어선다.

헌금은 우리가 물질을 만들어 내기까지 드리는 모든 시간,

육체적 노동, 정신적인 집중, 그리고 감정이 포함된

우리의 '전인'이 담겨진 '우리 자신'이 되는 것이다.

따라서 우리가 하나님께 드리는 헌금은

예배라는 형식 안에서,

우리 자신을 하나님께 드리는 것이다.

중요한 것은 우리가 얼마(how much)를 드리는가가 아니다.

어떠한 중심으로(how deep) 드리는가 이다.

하나님은 돈의 액수가 아니라,

헌금을 드리는 우리 '마음의 중심'을 보신다.

돌아오는 주일,

가볍게 주머니에서 잡히는 돈이 아닌

한 주간 동안 우리가 흘린 땀과 중심이 담긴

'나'라는 온전한 제물을 겸손한 마음으로 하나님께

드리도록 하자.

엘리야처럼 기도하기

기도는 얼마나 오래 했는가보다 '누구에게' 하는가에 대한

'기도의 대상'이 더 중요하다. 그다음은 기도를 들으시는 그분이,

자신을 위하여 반드시 행하시는 분이라는 믿음을 가져야 한다.

갈멜산 위에서 엘리야는 바알의 선지자 사백오십 명과
아세라의 선지자 사백명.
도합 팔백오십 명의 이방신을 숭배하는 선지자들과
'기도 대결'을 펼치게 된다.

이 싸움의 목적은 간단하다.
'누가 참신인가?'를 밝혀내는 것이다.
바알과 아세라를 섬기는 선지자들의 신이 참인지,
아니면 엘리야가 섬기고 있는 하나님이 참이신지
기도로 승부를 결정 내는 목숨을 건 단판 승부가 펼쳐졌다.

갈멜산 위에 모인 팔백오십 명과 엘리야.
누가 더 긴장하고 두려웠을까?
아마도 팔백오십 대 일의 싸움을 해야 하는 엘리야가
초긴장 상태에서 두려워하지 않았을까?

우리는 으레 그렇게 짐작하지만

사실은 전혀 그렇지 않았다.

오히려 그 반대였다.

그 사실을 어떻게 알 수 있는가?

두 그룹이 나누어져 기도하는 모습을 보면

너무나도 쉽게 답을 얻을 수 있다.

바알과 아세라의 선지자들은 죽은 그들의 신을 향해

반나절이나 부르짖으며 몸을 자해했다.

행여나 그들의 '열심과 정성'이 담긴 기도가

자신들의 신에게 상달되면,

응답받을 수 있을 것이라고 믿었기 때문이다.

그러나 이는 애시당초 말이 안되는 일이었다.

엘리야의 기도에는 '확신'이 있었다.

무엇에 대한 확신인가?

그것은 바로 자신이 기도하는 '대상'에 대한 확신이다.

자신의 기도를 하나님이 반드시 들으시는 것과 기도를

들으시는 하나님이 반드시 응답하실 것이라는 믿음이었다.

반나절 동안 몸을 자해하며 기도했던 우상을 섬기는 자들과

다르게 엘리야의 기도는 매우 간결하고 간단했다.

"하나님! 하나님이 하나님이신 것과

당신이 당신의 백성들의 마음을 돌이키시는 분이심을

여기 있는 모든 자들로 하여금 알게 하소서!"

기도는 얼마나 오래 했는가보다

'누구에게' 하는가에 대한 '기도의 대상'이 더 중요하다.

그다음은 기도를 들으시는 그분이, 자신을 위하여

반드시 행하시는 분이라는 믿음을 가져야 한다.

이것이 엘리야의 기도를 통해 우리가 배울 수 있는 점이다.

04

술 마셔도 되나요?

술을 마시지 말라고 하는 결정적인 이유는

술이 죄인가 아닌가를 구분하는 것을 넘어서서 당신이

그리스도인이라는 '정체성'과 깊은 연관이 있기 때문이다.

술 취하지 말라 이는 방탕한 것이니 오직 성령의 충만함

을 받으라_엡 5:18

성경에 '술 취하지 말라'고 했지, 술 마시지 말라고 하지 않

았기 때문에 술을 마셔도 되는 것 아닌가요?' 라는 질문을

참 많이 한다.

'술 마시면 지옥 가나요?' 전혀 그렇지 않다.

'술 마시면 죄인가요?' 그것도 아니다.

오히려 자세히 들여다보면 술보다 더욱 심각한 죄가 다양한

모습을 하고 우리의 삶 곳곳에 파편처럼 흩어져 있다.

술을 마시지 말라고 하는 결정적인 이유는

술이 죄인가 아닌가를 구분하는 것을 넘어서서 당신이

그리스도인이라는 '정체성'과 깊은 연관이 있기 때문이다.

술 취하지 말라는 성경의 말씀을 근거로 술을 마시되

취하지 않도록 마시면 괜찮다는 것은 참으로

미련하고 이기적인 '자기 합리화'이다.

성경은 분명히 '술 취하지 말고 성령에 충만함을

받으라'고 권면하고 있다.

그렇다면 우리는 술 취하지 말라는 말씀은 아멘으로 받으며,

성령에 충만함을 받으라는 말씀은 왜 따르지 않는 것인가?

에베소서 5장 18절이 가리키는 '오직'은

영어 'BUT'을 번역한 것이다.

다시 말해서 BUT의 의미를 되살려 다시 번역해 본다면,

> 술 취하지 말라 이는 방탕한 것이니 그 대신에 너희는
>
> 성령의 충만함을 받으라_엡 5:18

술을 마시는 동기와 원인, 목적을 잘 살펴보면

그것이 왜 문제인지 스스로 알 수 있을 것이다.

성경은 고통을 잊기 위한 도구로, 사람들과의 좋은 관계를

맺기 위한 도구로, 술을 마시라고 결코 권면하지 않는다.

한나는 '고통' 당할 때 술이 아니라

하나님 앞으로 나아가 기도했고,

바울은 사람들과의 '관계'가 엉클어져

오해 가운데 있을 때 하나님 앞에 엎드렸다.

술을 즐김보다 성령의 충만함을

더 간구하는 자리로 나아가야 한다.

적어도 우리가 '그리스도인'이라면 말이다.

05

인내함

순간을 보지 말고 하나님의

큰 그림을 볼 수 있는 '인내함의 안경'이

지금 우리에게는 너무나도 필요하다.

17세의 어린 나이에 형들에게 모함을 받아 타국으로
팔려가 종살이를 하던 한 사람이 있었다.
한 번도 겪어보지 못한 노예 생활에 많은 어려움과
불편함이 있었지만, 그는 주어진 일에 묵묵히
최선을 다함으로 주인의 신뢰를 얻었다.

성경은 그를 가리켜 '형통한 자'라고 표현한다.
그리고 형통의 이유를 '하나님이 함께하심'이라고 덧붙였다.
그러나 그는 성실하게 종살이를 했음에도 불구하고,
억울한 누명을 쓰고 감옥살이까지 하게 된다.

감옥살이를 하는 동안 왕의 최측근 관리들의
꿈 해몽을 해주었건만, 그에게 돌아온 것은
2년간의 알 수 없는 하나님의 침묵이었다.

얼마나 억울했을까?

차디찬 감옥 바닥에서 얼마나 사람들이 그리웠을까?

아늑했던 고향 집과 사랑하는 아버지가

얼마나 보고 싶었을까?

그는 긴 시간 동안 그리움의 꿈에 젖은 채

악몽 같은 나날을 보내었다.

그리고 만 2년이 지나,

그에게 다시 한 번 절대절명의 기회가 찾아왔다.

왕의 꿈을 해석해 주고 그에 대한 대안을 제시함으로

결국 그는 애굽의 총리 자리에 오를 수 있게 되었다.

고대 문서에 의하면 애굽 땅에서 고위직을

시작할 수 있는 나이가 '서른'이다.

2년간 침묵의 시간이 그에게 있지 않다면,

그는 꿈 해몽을 잘하여 상급을 받을 수야 있었겠지만

하나님의 원대한 구속사를 이루는
시작점에 있을 수는 없었을 것이다.

만 2년동안 감옥에서
하나님의 침묵과 밑도 끝도 없는 인내함으로
견뎌야만 했던 그의 이름은 바로 '요셉'이다.

'인내함.'

지금 당장 눈에 보이고 손에 잡히지는 않지만,
하나님의 뜻을 온전히 이루게 하는 가장 귀한 도구이다.
순간을 보지 말고 하나님의
큰 그림을 볼 수 있는 '인내함의 안경'이
지금 우리에게는 너무나도 필요하다.

06

무지개 언약

하나님이 우리의 영원한 보호자가 되어주신다는 약속을,

무지개 속 일곱 빛깔로 곱게 빚어 넣으셨다.

온 세상이 물에 잠기는 대홍수로 악한 세상을 심판하셨던
하나님이, 이제는 '노아'라는 택하신 한 사람을 통하여
새로운 시작을 하신다.

하나님은 아담에게 주셨던 복을 노아에게도 동일하게 주시며
이 땅 가운데에서 생육하고 번성하며 땅에 충만하라고
명령하셨다. 거기에 덧붙여 다시는 물로 세상을 심판하지
않으시겠다는 하나님의 특별한 약속도 함께 주셨다.
이를 가리켜 우리는 '노아언약'이라고 부른다.

그런데 이 언약에는 독특함이 묻어난다.
보통의 언약 혹은 약속에는 동등한 관계에서,
'내가 이것을 해야 할 때, 너는 이것을 하는 서로 간의
상호성'이 전제되어진다.
그러나 '노아언약'에서 체결자는 하나님이시고,

모든 책임 또한 하나님 자신이 스스로 지신다.

이는 언약을 파기하거나 변경하는 조건이

우리 인간에게 달려 있지 않고,

전적으로 하나님에게 달려 있음을 상징하는 것이다.

즉, 하나님 스스로 자신에 대한 언약을 선포하시고

인간을 그에 대한 증인으로 세우심으로,

그 언약의 신실성과 중요성을 보장하신 것이다.

하나님의 언약의 증거는 '무지개'이다.

무지개의 히브리적 표현은 '케쉐트'(활, bow)이다.

언약을 일방적으로 파기한 사람은 죽음으로 그 값을

치러야 하는 고대 근동의 삶의 문화와 풍습을 볼 때,

무지개(활)를 통한 하나님의 언약 맺으심은 매우 상징적이다.

이유인즉슨, 무지개가 활의 모양을 하고 있으며
화살을 넣고 쏘았을 때 그 방향이 하늘을 향해
날아가도록 만들어져 있기 때문이다.
한 성경학자는 이를 가리켜 하나님의
'자기 저주적 맹세'라고 한다.

'내가 이를 어길 시에는 그에 합당한 죽음을 스스로
짊어지겠다'는 의미로써 말이다.

하나님은 허언하지 않으시며, 거짓말을 하실 수 없고,
그 말씀과 뜻이 변개치 않으므로 하나님이 우리에게
맺어주신 그 언약은 영원히 변치 않고 보장되어진다.

하나님이 우리의 영원한 보호자가 되어주신다는 약속을,
무지개 속 일곱 빛깔로 곱게 빚어 넣으셨다.

07

시험

시험은 힘들다. 고난은 아프다.

그러나 시험과 고난을 통하여 지금까지 우리가 보고, 듣고,

믿었던 신앙이라고 생각했던 부분들이 실제로 살아서 움직이게 된다.

신앙생활에는 벼락치기가 없다.

학생들에게 가장 부담스러운 일은 학기 중간과
마지막에 치르는 중간·기말고사이다.
그냥 배운 것으로 만족하고 끝내면 되는 것을,
왜 굳이 다시 점검하고 확인하여 시험을 치르게 하는지
학생들에게 시험은 여간 싫은 게 아니다.

그러나 우리가 시험을 통해서 얻게 되는 분명한 '유익'이
있다는 것을 알고 있는가?

만약 시험이 있지 않다면 우리는 결코 복습하지 않으며,
다시 돌아보지 않는 학습은 우리의 것으로
남아있지 않게 된다.

그래서 시험은 우리를 불편하게 하지만,
그동안 머리로 배운 것들을 뼈에 새기는 작업을 만들어 낸다.

신앙생활도 이와 비슷하다.

우리 삶에 때때로 찾아오는 고난과 시험이 없다면,

늘상 듣는 설교와 그저 눈으로만 읽었던 성경이

결코 내 것이 될 수 없다.

시험은 힘들다.

고난은 아프다.

그러나 시험과 고난을 통하여

지금까지 우리가 보고, 듣고, 믿었던

신앙이라고 생각했던 부분들이

실제로 살아서 움직이게 된다.

그러나 우리가 한 가지 더 기억해야 할 것은,

학교 시험에는 '벼락치기'가 가능할지 모르지만,

'신앙생활에는 벼락치기가 없다.'

그저 겸손히 묵묵하게 하루하루 쌓아 가는
매일의 경건생활이,
우리에게 다가오는 시험의 때에 넉넉히
이기게 하는 밑거름이 되어준다.

시험은 선택 과목이 아니다.
인생길을 걸어가는 사람이라면
누구나 다 이 시험에 응시해야 한다.

그러나 걱정하거나 두려워할 이유가 없다.
출제자 되시는 하나님께서 시험 때마다
우리의 가장 가까운 곳에서 늘 지도하며 가르쳐 주신다.

08
우연이 아닌 섭리

당신의 인생은 결코 '우연'으로 이루어지지 않는다.

당신의 삶은 시작부터 끝까지 '하나님의 섭리' 안에

고스란히 포개어져 있는 '붙들리고 인도함을 받는 삶'이다.

'우연히'라는 말은 생각하지 못했던 상황이나
혹은 기대하지 않았던 정황 가운데 어떠한 일들이
일어날 때 사용하는 단어이다.

그래서 세상 사람들은 이 '우연'이라는 말을
입에 달고 살아간다.
누군가를 만났다거나, 어떤 일들이 갑작스레 일어나면
'우연히' 그렇게 되었다고 말한다.

그러나 엄연한 의미에서 세상에 일어나는 모든 일 중,
'우연'이란 것이 일어날 수 있는 확률은 단 0.1%도 없다.

왜냐하면 하나님은 모든 시간과 모든 상황 가운데
실재하며 존재하고 계시기 때문이다.

이 말은,

'과거에 계셨고, 현재에 계시고, 미래에 계실 것'이라는

의미가 아니다.

하나님이 과거와 현재와 미래에

'현재 진행형'으로 존재하고 계시다는 말이다.

따라서 온 우주 만물의 주관자 되시며,

우리의 인생 가운데 세밀하게 간섭하시는 하나님에게는

결코 0.1%의 우연이라도 자리를 비집고 들어갈

틈이 없는 것이다.

하나님에게는 모든 것이 반드시 이루어져야 할

'필연'들의 집합이며,

설령 그것이 우리의 눈에 보이지 않고 이해할 수 없다 해도

성실하게 하나님의 뜻대로 되어져 간다.

이렇게 우리의 인생 가운데 나타나셔서
필연적으로 일하시는 하나님의 손길을
우리는 '우연'이라 부르지 않고, '하나님의 섭리'라 말한다.

당신의 인생은 결코 '우연'으로 이루어지지 않는다.
당신의 삶은 시작부터 끝까지 '하나님의 섭리'안에
고스란히 포개어져 있는 '붙들리고 인도함을 받는 삶'이다.

하나님의 섭리는 오늘도 우리의 인생 가운데
한 치의 오차도 없이 계획대로 차근차근
이루어져 가고 있다.

광야는 축복입니다

당신에게 아무것도 없는 바로 지금이

하나님의 가까이 계심을 가장 민감하게 느낄 수 있는,

인생 최고의 축복의 시간이다.

내 손에는 아무것도 없지만, 하나님의 손에는 당신이 있다.

이스라엘의 가장 영광스러웠던 시기를 꼽으라면

당신은 언제라고 답을 하겠는가?

사무엘 선지자가 어두운 사사시대를 끝내고

이스라엘의 선지자로 세워지던 그때?

기름부음을 받은 다윗이 이스라엘의 왕으로 등극하던 그때?

아버지 다윗이 이루지 못한 하나님의 성전을

솔로몬이 완성했던 그때?

아니면, 나라를 잃고 포로로 끌려갔던 이스라엘이

하나님의 은혜로 귀환하게 되었던 그때?

물론 이스라엘의 역사 가운데 말로 할 수 없이

영광스러웠던 순간들은 셀 수 없이 많았다.

그러나 누군가 내게 이스라엘의 가장 영광스러운 시기가

언제였는지 묻는다면,

나는 일초의 망설임도 없이 단연
'광야에서의 40년'을 꼽을 것이다.

매일 아침이면 만나와 메추라기로 하나님께서
그들의 양식을 하루도 빠짐없이 책임지셨고,
낮에는 구름기둥과 밤에는 불기둥이 하나님의 임재의
상징으로 이스라엘의 진영에 늘 동행하고 있었다.
광야에서의 40년은 하나님의 임재하심을 그들의 눈으로
볼 수 있었던 축복의 장소였다.

아무것도 없었던 광야에서,
하나님은 그들의 전부가 되어 주셨다. 매일, 그리고 매 순간
하나님이 함께하심을 느낄 수 있었던 광야는,
그들에게 저주와 절망의 시간이 아니라 오히려 축복과
영광의 시간들이었다.

안타깝게도 그들이 젖과 꿀이 흐르는 가나안 땅에 도착하
여 풍요와 부유함을 누리던 때에는,
더 이상 하나님을 찾지 않았다.
'결핍'이 결핍된 시대를 살아갔던 그들은,
물질적 풍요로움과 하나님의 임재를 맞바꾸어 버렸다.

지금 당신의 삶이 광야 한가운데 서서 방황하고 있다고
느껴지는가? 결코 절망하지 마라.
당신에게 아무것도 없는 바로 지금이
하나님의 가까이 계심을 가장 민감하게 느낄 수 있는,
인생 최고의 축복의 시간이다.
내 손에는 아무것도 없지만, 하나님의 손에는 당신이 있다.

1장

무엇을 위하여
사는가

나의 인생이 하나님의 영광을 위한 도구가 되어야지,

하나님이 나의 인생을 위한 도구가 되면 안된다.

나의 존재의 이유가 그분을 위한 것이지,

그분의 존재의 이유가 나를 위한 것이 아니기 때문이다.

'왜 사는가?'

'무엇을 위해 사는가?'

이 질문은 인류가 사고를 하기 시작한 때부터 지금까지

여전히 우리 주변에서 맴돌며 끝나지 않을 고민이다.

삶의 이유와 목적을 분명하게 설정해 놓지 않으면,

우리는 그저 흘러가는 대로 살게 되고,

사는 대로 생각하게 된다.

웨스트민스터 소요리문답 1문 1답에는 다음과 같이

기록되어 있다.

Q. 사람의 제일 되는 목적은 무엇인가?

A. 하나님을 영화롭게 하고 영원토록 그를 즐거워하는 것.

우리 인생의 목적은 '하나님을 위해서 사는 것'이다.

밥을 먹는 것도,

학교를 다니는 것도,

직장생활을 하고,

사람을 만나 관계를 맺으며 사는 삶도,

결과적으로 하나님의 영광을 위하여 살아가는

과정이 되는 것이다.

나의 인생이 하나님의 영광을 위한 도구가 되어야지,

하나님이 나의 인생을 위한 도구가 되면 안 된다.

나의 존재의 이유가 그분을 위한 것이지,

그분의 존재 이유가 나를 위한 것이 아니기 때문이다.

지은 바 목적에 맞게 살아갈 때 피조물을 통하여

창조주가 가장 큰 영광을 받으신다.

당신은 무엇을 위하여 살아가고 있는가?

그리고 살아가는 이유가 무엇인가?

성경은 간결하게 한 구절의 말씀으로 우리에게 답한다.

> 그런즉 너희가 먹든지 마시든지 무엇을 하든지 다 하나
> 님의 영광을 위하여 하라_고전 10:31

당신이 서 있는 그 자리가 어디이든,

당신이 지금 하는 일이 무엇이든,

하나님을 생각하는 마음을 잃지 마라.

하나님께 영광 돌리는 삶은,

먼저 그를 인식하고 떠올리는 것에서부터 시작한다.

11

선택과 집중

(골리앗 앞에 서기까지)

골리앗 앞으로 나아가고 있는 우리의 삶에

수많은 엘리압이 진을 치고 있을 때,

마음을 집중하여 본질 앞에 서라.

그것이 결국 우리를 살리는 일이 될 것이다.

사무엘상 17장은 일반인들에게도 널리 알려진
'다윗과 골리앗'의 전투가 벌어지는 이야기를 담아내고 있다.
블레셋 군대와 벌어질 전쟁의 공포가 이스라엘 전역에
뒤덮여 있을 때, 다윗은 여전히 베들레헴에서
아버지의 양 떼를 치고 있었다.

다윗의 아버지 이새는 사울 왕을 따라 전쟁에 나간
그의 세 형들을 위해 막내 다윗에게
형들의 전투식량을 배달시킨다.
아버지의 심부름을 왔던 다윗은 뜻하지 않게 이스라엘
진영을 향하여 큰소리를 외치며, 하나님을 심하게
모욕하는 거대한 골리앗의 음성을 듣게 된다.

이스라엘의 수많은 군사들은 천지를 울리는
골리앗의 우렁찬 음성 앞에 두려워 떨고 있었고,
그저 식량을 전달하러 왔던 다윗은 살아계신
하나님의 군대를 모욕하는 골리앗의 망령된 발언에

선한 분노가 머리끝까지 차올랐다.

그때, 다윗의 큰형이었던 엘리압이

다윗의 분노함을 보고 같잖게 여겼다.

아버지의 양을 돌보지 않고 전쟁터에 구경 나왔다며,

다윗을 일방적으로 몰아붙이며 심하게 꾸짖고 나무랐다.

중요한 것은 바로 지금부터이다.

다윗의 초점은 오직 '골리앗'에게만 있었다.

만약 다윗이 자신을 오해하고 조롱하고 있는

큰형 엘리압의 말에 마음을 빼앗겼다면,

그 자리에서 실랑이를 벌이며 형과 다투었다면,

그는 절대로 골리앗에게로 나아갈 수 없었을 것이다.

그러나 다윗은 큰형 엘리압의 말을 흘려보냈다.

지금 다윗이 집중해야 할 것은 형의 오해를

풀어가는 것이 아니라,

살아계신 하나님의 군대를 모욕하는 골리앗을

쓰러뜨리는 일이었기 때문이다.

다윗의 선택과 집중은 빛을 발하여
결국 골리앗을 쓰러뜨렸고 이스라엘을 구원해 낸다.

때때로 우리는 집중해야 할 본질들을 놓치고
주변 것들에 마음을 빼앗기는 경우가 있다.
그러나 우리는 마음을 집중하여,
'엘리압'이 아닌 '골리앗' 앞으로 나아가야 한다.
흘려보내야 할 것과 맞서야 할 것,
이 두 가지를 분별하여
지혜로운 선택과 집중의 사람이 되어야 한다.

골리앗 앞으로 나아가고 있는 우리의 삶에
수많은 엘리압이 진을 치고 있을 때,
마음을 집중하여 본질 앞에 서라.
그것이 결국 우리를 살리는 일이 될 것이다.

일천번제

신앙은 '열심히'기 이전에 '방향'이다.

헌신은 '크기'이기 이전에 '집중'이다.

한국 교회에서 가장 크게 오해하고 있는 것 중에 하나는
바로 '일천번제' 헌금이다.
생각보다 많은 교회와 성도들이
일천번제에 대한 개념을 '천 번의 제사'로 받아들여,
횟수로 천 번의 헌금을 드리는 정성을 보인다.

헌금에는 당연히 정성이 필요하다.
그러나 헌금의 목적은
언제나 '감사'에서부터 시작되어야 한다.
나의 목적을 달성하기 위해,
혹은 나의 목표를 이루기 위해,
횟수로 천 번을 채워 열심을 나타내는 것 이전에
주어진 모든 상황과 환경에 대한
하나님께 감사하는 마음이 우선시되어야 한다.

그렇다면,

일천번제의 진정한 의미는 무엇인가?

아마도 열왕기상의 말씀 때문에

이런 오해가 생긴 것으로 보인다.

> 이에 왕이 제사하러 기브온으로 가니 거기는 산당이 큼
>
> 이라 솔로몬이 그 제단에 일천번제를 드렸더니_왕상 3:4

무엇이 잘못된 것일까?

이 문제의 힌트는 산당이 크다는 것이다.

다음은 동일한 사건을 기록해 놓은 역대하의 평행본문이다.

> 여호와 앞 곧 회막 앞에 있는 놋 제단에 솔로몬이 이
>
> 르러 그 위에 천 마리 희생으로 번제를 드렸더라_대하
>
> 1:6

천 번의 제사가 아니라,

천 가지의 제물을 말하는 것이 바로 일천번제이다.

제사를 드리는 산당이 컸기 때문에 한 번에

일천 가지의 번제물을 놓고 제사를 드릴 수 있었던 것이다.

열심과 열정을 가지고 신앙생활에 임하는 것은

매우 중요한 일이다.

그러나 나의 열정과 열심에 앞서 방향을 설정하지 못한다면,

엉뚱한 길로 최선을 다해 달려가게 된다.

신앙은 '열심'이기 이전에 '방향'이다.

헌신은 '크기'이기 이전에 '집중'이다.

화려한 드리블은 기본기가 충실히 다져진 다음에

해도 늦지 않다.

낭만닥터 예사부

우리의 병든 영혼은, 오직 그리스도 예수 안에서만 치유될 수 있다.

우리에게는 기분을 좋게 만드는 죄에 물든 달콤한 이야기가 아니라,

죄에 대한 정확한 진단과 처방을 할 수 있는 의사가 필요하다.

어떤 사람이 있다.

최근들어 몸이 예전 같지 않음을 느끼고 병원을 찾아가기로
다짐을 했다. 이내 도착한 병원에서 밝은 얼굴로 환하게
환자를 맞아주는 의사는 이런저런 이야기들로 금새 어두운
분위기를 전환시켰다. 그런데 의사의 재미난 이야기가
끝날 줄 모른다. 한참을 웃고 떠들다 아픈 환자의 기분을
최고로 좋게 만들어 주고 아무런 처방 없이 그를 집으로
돌려 보냈다. 환자는 의사와 대화를 나누는 동안 기분도
좋아지고 그의 젠틀함에 감사함을 느끼긴 했지만,
아픈 부위에 대해서는 어떤 진단이나 처방이 없었던
사실이 못내 찜찜했다.

환자는 견디다 못해 다른 병원을 찾았다.
그런데 이 의사는 전에 만난 의사와 분위기가 사뭇 달랐다.
웃음기도 없고, 분위기도 냉랭했다. 환자의 긴장이 채 풀리

지도 않을 무렵 의사는 다짜고짜 아픈 증상에 대한 진단을 하기 시작했다. 이내 환자에게 심각한 병이 있음을 알려주고 곧 수술을 해야 한다고 말을 했다. 이 소식을 전해 들은 환자는 덜컥 겁이 났다. 의사의 이러한 태도는 마음에 들지 않았지만, 살기 위해서는 수술을 해야 한다는 사실에 수술 동의서에 사인을 했다.

두 종류의 의사가 있다.
병에 대해 정확한 진단 없이 환자의 기분만 좋게 해주는 재미있는 의사. 냉랭하고 차가운 면이 있지만 환자의 병을 정확하게 진단하여 고쳐주는 차가운 의사.

누가 더 좋은 의사인가?
고민할 여지없이 차갑지만 잘 고치는 의사가
더 좋은 의사이다. 의사에게는 사람을 살리는 것이

최우선으로 주어진 일이기 때문이다.

젠틀함과 유쾌함은 기본적으로 진단과 치료를 잘한다는

가정하에 부차적인 것들이 된다.

우리의 병든 영혼은,

오직 그리스도 예수 안에서만 치유될 수 있다.

우리에게는 기분을 좋게 만드는 죄에 물든 달콤한 이야기가

아니라, 죄에 대한 정확한 진단과 처방을 할 수 있는

의사가 필요하다.

예수님은 우리에게 가장 필요한 의사이다.

육신의 질병뿐만 아니라, 우리 영혼의 병도 정확하게

진단하고 고쳐주신다. 우리는 영과 육의 최고의 의사이신

예수 그리스도에게 정직하게 나아가야 한다.

오직 그분만이 우리를 살리실 수 있다.

14

거기까지
인도하신 하나님

일이 반드시 '성공'해야지만

응답을 받았다고 생각한다면 큰 오산이다.

때때로 하나님의 응답은 우리를 '실패' 가운데로 인도하신다.

기도를 하다 보면 하나님께 응답을 받았다고 느끼는
개인적인 경험들이 있다.
그래서 응답을 받은 대로 실행하고, 일들을 진행하고,
앞으로 열심히 달린다.

그런데 시간이 지나 진행하고 달려왔던 일들이
실패로 끝이 나는 경우들을 보게 된다.
분명히 하나님께 기도하고 응답을 받았다고 생각했는데
왜 일을 그르치게 된 것일까?
'하나님께서 응답하신 것이라면 왜
이 일은 실패하게 된 것일까?'
'하나님에게 어떤 문제가 있었나? 그것이 아니라면
내가 받은 기도 응답이 잘못된 것일까?'
이러한 고민들이 우리의 마음을 더욱 어렵게 한다.

그러나 우리가 한 가지 더 주목해 보아야 할 것이 있다.
그것은 바로, '거기까지 인도하신 하나님의 손길'이다.

일이 반드시 '성공'해야지만
응답을 받았다고 생각한다면 큰 오산이다.
때때로 하나님의 응답은 우리를
'실패' 가운데로 인도하신다.

하나님의 친구라 불리던 모세는
40여 년간의 광야생활 가운데서
하나님과 가장 가까이 지냈으며,
그가 했던 모든 기도와 간구가 다 응답이 되었다.
그리고 그가 그토록 바랬던 약속의 땅 가나안을 앞에 두고
그곳에 들어가게 해 달라고 간절히 기도하였다.
그러나 그의 마지막 기도는 야속하게도 하나님께서

그의 바램대로 응답해 주시지 않았다.

모세는 간절히 바라고 원했건만,

하나님은 '거기까지만' 허락하셨다.

모세의 입장에서는 너무도 아쉬웠겠지만,

하나님께서 인도하셨던 '그 지점'이 모세에게는

가장 선하고 좋은 것이었다.

이것을 믿고 온전히 신뢰하는 것이

하나님이 기뻐하시는 믿음이다.

오늘 우리의 기도 역시 하나님이 '거기까지'만

응답하신다 할지라도

그것이 가장 선하고 좋은 것임을 믿고,

만족하며 감사할 수 있어야 한다.

은혜, 그 이후

은혜 받은 그 이후에는 마땅히 드려야 할 감사와 영광을,

마땅히 받으셔야 할 그 분께

돌려드리는 것이 '바른 삶의 자세'이다.

보리떡 다섯 개와 물고기 두 마리로

성인 남자만 오 천 명이 배불리 먹고 열두 광주리가

남은 오병이어의 기적 사건.

예수님께서 일으키신 기적 중에서 유일하게 사복음서에

모두 기록될 정도로 의미 있고 놀라운 최고의 은혜요,

기적인 것만은 틀림이 없다.

그러나 그 자리에 모인 수많은 군중은

최고의 기적과 은혜를 맛보고도,

예수를 그저 자신들의 배를 불려주고 삶을 책임져 줄

세상의 왕으로만 삼고자 그를 붙잡았다.

은혜를 받았지만,

은혜를 경험했지만,

여전히 삶의 중심은 자기 자신에게만 맞춰져 있었다.

15 은혜, 그 이후

늦은 오후,

빈 들에서 벌어진 놀라운 기적의 현장 앞에서

하나님이신 예수님에 대한 그들의 자세가,

경배와 찬양보다는 앞으로도 자신들의 배를 채울

하나의 도구로만 생각했다는 점이 그저 놀라울 뿐이다.

우리는 어떠한가?

날마다 은혜와 복을 내려 주시며

하루하루를 살게 하시는 하나님 앞에서

어떤 자세를 취하며 살아가고 있는가?

나의 성공과 출세를 위한 하나의 도구로서

예수 그리스도를 바라고 구했다면,

우리야 말로 그날 늦은 오후 빈 들에서

예수를 왕으로 붙잡아 두려던 그들과

전혀 다를 바가 없는 어리석은 사람들이다.

빈 들에서 우리를 먹이셨던
예수님 손의 떡과 물고기가 아니라,
자신의 몸과 피를 생명의 떡과 잔으로 나누신
'그리스도', 그분을 바라보아야 한다.

은혜받은 그 이후에는
마땅히 드려야 할 감사와 영광을,
마땅히 받으셔야 할 그분께
돌려드리는 것이 바른 삶의 자세이다.

16
인생의 비바람이
몰아칠 때

그리스도에게로 뿌리내리는 신앙은

때때로 흔들리나 결코 넘어지지 않는다.

이것이 비바람을 견뎌내는 믿는 자의 삶이다.

예수를 믿는다고 해서 삶의 어려운 일이
생겨나지 않는 것은 결코 아니다.

열심히 봉사하고 헌신한 만큼,
예배하고 기도한 만큼,
우리의 삶이 무탈하다면 얼마나 좋을까?

그러나 예수를 믿는 '신앙'이라는 것은
우리의 삶에 고난과 역경이 생겨나지 않도록
무엇이든 막아주는 '마스터 키'가 아니다.

예수를 믿어도 똑같이 어려운 일을 당한다.
예수를 믿어도 똑같이 고난과 역경 가운데
충분히 거할 수 있다.

이 말은 인생이라면,

반드시 그의 삶에 비바람이 불어 온다는 이야기이다.

그렇다면 이 인생의 비바람이 불어올 때,

믿는 자와 믿지 않는 자의 차이는 무엇인가?

우리는 무엇으로 이 두 사이를 구분할 수 있을까?

상상할 수 없는 인생의 비바람은

믿는 자나 믿지 않는 자에게나

예고 없이 동일하게 찾아온다.

그 비바람이 '믿지 않는 자'에게

인생의 시련으로 다가올 때는,

그의 삶이 뿌리째 뽑혀 흔들리다 결국은 넘어지게 된다.

삶의 이유

그러나 '믿는 자'들에게 삶의 쓰디쓴 비바람이
몰아칠 때에는,
심하게 흔들리고 비틀대나 결코 뿌리채
뽑혀 넘어지지 않는다.

그 이유는 간결하다.
우리의 뛰어남이나 우리의 능력 있음이 아니라,
그리스도가 우리를 굳건하게 붙잡아 주시기 때문이다.
따라서 그가 우리에게 베풀어 주시는 '믿음'이
우리 삶을 붙잡는 견고한 뿌리가 된다.

그리스도에게로 뿌리내리는 신앙은
때때로 흔들리나 결코 넘어지지 않는다.
이것이 비바람을 견뎌내는 믿는 자의 삶이다.

최고급 스피커

우리는 하나님 나라의 스피커이다.

하나님께서는 오늘도 우리에게 주신 성경 말씀을 통하여

우리의 삶 가운데 꾸준하게 입력(input)하고 계신다.

최근 들어 블루투스 스피커는 우리의 일상생활에서
아주 중요한 자리를 차지하게 되었다.
싸게는 몇 만원에서부터 비싸게는 수십, 수백만 원짜리의
스피커까지 그 종류가 매우 다양하다.

그렇다면 좋은 스피커의 기준은 무엇인가?
무엇이 스피커의 가치를 결정하는가?

유니크(unique)한 디자인?
한정판(limited edition) 모델?

스피커의 가장 기본적인 기능은,
입력(input)한 소리 그대로,
출력(output)하는 것이다.

제아무리 값비싼 스피커라 할지라도

입력하는 대로 소리내지 못하고

잡음(noisy)이 들어간다면 스피커로서의 기능을 잃게 된다.

우리는 하나님 나라의 스피커이다.

하나님께서는 오늘도 우리에게 주신 성경 말씀을 통하여

우리의 삶 가운데 꾸준하게 입력(input)하고 계신다.

그렇다면 우리의 삶은 당연히 하나님의 말씀을

있는 그대로 출력(output)하는 삶을 살아내야 한다.

입력한 소리 이외에 내가 내고 싶은 소리를 첨부한다면

말 그대로 잡음(noisy)이 된다.

하나님이 말씀하신 대로 살아내는 것,

그것이 하나님이 기뻐하시는 스피커가 되는 길이다.

하나님은 값비싼 스피커가 아니라,

입력한 그대로 깨끗하게 소리를 출력하는

잡음이 없는 스피커를 매우 좋아하신다.

18

나는 컵(cup)입니다

그렇게 썩어 없어지기보다는

닳아 없어지는 잔이 되고 싶습니다

나는 컵(cup)입니다.

아무리 화려하고 멋진 모양을 가지고 있다 하더라도

내 안에 아무것도 채워지지 않으면

아무 의미 없는 존재입니다.

때때로 사람들은 나를 장식장에 가두어 전시용으로

바라만 보기도 합니다.

그러나 나는 내 안에 무언가를 담아낼 때

살아 있음을 느낍니다.

조금은 후줄근해 보여도,

조금은 투박하고 모난 모습이 있어도,

내 안에 물을 가득 담아 사용하는 사람들을

보는 것만큼 뿌듯할 때가 없습니다.

내 옆에 금으로 만든 잔은 화려하기 그지없습니다.

모든 사람들이 그를 보고 감탄합니다.

그래서 그는 사람들 눈에 가장 잘 보이는

찻장 중앙에 떡하니 자리를 잡았습니다.

그런데 언제부터인가 주인이 화려한 금잔을

사용하지 않고 전시용으로 사용하기 시작했습니다.

그러다 보니 우리 집에서 가장 화려한 금잔 안에는

먼지가 쌓였고,

이물질이 묻어나기 시작합니다.

그렇게 꽤 오랜 시간 동안 금잔은 찻장 속에 갇혀

쓰임받는 법을 잊어버리기 시작했습니다.

반면에 저는 값비싼 잔이 아니라서

사람들이 비교적 투박하게 저를 다룹니다.

그러다 보니 상대적으로 찻장 가장 가까운 곳에서

제일 편하게 사용되어집니다.

저에게는 금잔이 가지고 있는 화려함은 없습니다.

그러나 찻장의 제일 앞에서 주인이 필요로 할 때면

가장 먼저 손에 붙들리는 컵입니다.

저는 주인에게 그렇게 쓰임받는 것이 좋습니다.

주인이 필요할 때 가장 편하게,

그리고 언제든지 나를 들어 쓰는 그 손길이

오늘은 너무 따스하게 느껴집니다.

그렇게 썩어 없어지기보다는

닳아 없어지는 잔이 되고 싶습니다.

19

원함(want)과 필요(need)

주님은 우리의 원함이 이웃의 필요를 채우는

이웃 사랑의 삶을 살아내길 진정 원하신다.

우리는 살아가면서 삶에 필요한 것과(need)

원하는 것(want)

사이에서 많은 혼동과 갈등을 한다.

우리의 삶에 있어서 '필요'한 것은,

반드시 없어서는 안되는 것들을 말한다.

그것들이 없다면,

삶에 큰 지장을 받을 정도의 영향이 미쳐질 때

그것이 바로 우리의 필요가 되는 것이다.

그러나 우리의 삶에 있어서 '원함'은

개념적으로 플러스의 의미를 가지고 있다.

그것들이 없어도 삶에 큰 지장은 없지만,

있다면 더 좋은 것들이 되기 때문이다.

그렇다면

우리의 기도와 우리의 바램과 우리의 간구는,

필요에 초점이 맞춰져 있는가

아니면 원함에 초점이 맞춰져 있는가?

물론 우리의 원함이 담긴 기도 자체가

잘못되었다고 지적하는 것은 아니다.

그러나 우리가 조금 더 좋은 옷, 조금 더 좋은 학교,

조금 더 좋은 직장,

조금 더 좋은 사람, 조금 더 좋은 차,

조금 더 좋은 집을 위해서 기도할 때,

다른 어디선가에서는 오늘 하루 먹을 양식을 위해,

오늘 하루 잠을 잘 수 있는 잠자리를 위해,

오늘 하루 걸쳐 입어야할 옷을 위해 기도하고 있다.

우리의 필요를 위해 간구하는 것도 매우 중요하다.

그러나 동시에 타인의 필요를 구할 수 있다면

더 좋을 것이다.

타인의 필요가 우리의 원함이 되는 기도,

이것이 보다 성숙한 그리스도인의 모습이 아닐까?

주님은 우리의 원함이 이웃의 필요를 채우는

이웃 사랑의 삶을 살아내길 진정 원하신다.

그가 우리의 필요를 간절히 원하셨던 것처럼.

2장

죄, 사고의 전환

어쩌면 우리가 이 땅에서 짓는 가장 큰 죄는, "우리의 생명의 근원되시고

창조주 되시며 구원자 되시는 여호와 하나님만을, 우리의 뜻과 힘과

마음과 생명과 모든 것을 다해 사랑하지 않는 것일지도 모른다."

'죄'는 헬라어로 '하말티야'이다.

이는 '과녁에서 벗어나다',

'out of target'이라는 의미를 가지고 있다.

우리는 이 '죄'를 하나님께서 하지 말라고 금하신 것을

어기고 범하게 되는 상태라고 정의한다.

정직해야 할 우리가 거짓말을 하고,

이웃을 사랑해야 하는 우리가 인격적으로 살인을 하고,

보호를 필요로 하는 연약한 대상을 음란한 대상으로 여기며,

타인의 물건을 지켜주는 대신 몰래 그것들을 훔치고,

누군가를 미워하고, 시기하는 모든 행위들을 통틀어

죄를 범했다고 생각한다.

그러나 우리는 또 다른 시각에서

'죄'를 바라보아야 할 필요가 있다.

지금까지 나누었던 죄는

'하지 말아야 하는데 한 일들'에 대한 정의였다.

이제 우리가 바라보아야 할 새로운 시각은 다음과 같다.

'죄'는 하지 말아야 할 일들을 한 행동들뿐 아니라,

하나님께서 '하라 명하신 일들을 하지 않는 것' 역시

죄가 된다는 사실이다.

이것이 바로 죄에 대한 사고의 전환이다.

다시 말해서 우리는 죄를, '소극적인 면'과

'적극적인 면'으로 바라보아야 한다는 말이다.

하지 말라는 것을 했을 때가

죄의 소극적인 면을 담고 있다면,

하라는 것을 하지 않았을 때는

죄의 적극적인 면을 담고 있는 것이다.

하나님께서는 우리에게 강력하게
'하나님만을 사랑도록' 명령하셨다.

어쩌면 우리가 이땅에서 짓는 가장 큰 죄는,

'우리의 생명의 근원되시고 창조주 되시며

구원자 되시는 여호와 하나님만을,

우리의 뜻과 힘과 마음과 생명과 모든 것을 다해

사랑하지 않는 것일지도 모른다.'

하나님만을 사랑하지 않는 것은 죄다.

죄를 짓지 않기 원한다면 하나님을 더욱 사랑하라.

베드로,
바다 위를 두 번 걷다

처음에는 홀로 물 위를 걸었으나, 다시 물 위를 걸을 때는

예수님과 함께였다. 당신이 연약하여 홀로 할 수 없을 때,

언제나 손잡아 주시고 함께하시는 주님을 보라.

폭풍우가 몰아치는 어두운 밤바다,
생각만 해도 아찔한 두려움이 가득한
그 갈릴리 바닷가 한가운데서
두려워하는 제자들 사이로 예수님은 걸어오셨다.

모두의 마음이 콩닥콩닥 뛰고 있을 때,
베드로가 나서서 이야기한다.
"만일 주님이시면 나로 하여금 물 위를 걷게 하소서."
그리고 주님은 그를 바다 한가운데로 걸어오게 하신다.

베드로의 시선이 주님께 고정되어 있었을 때,
그는 바다 위를 두 발로 걷는 놀라운 기적을 체험했다.
그러나 이내 출렁이는 바다와 크게 이는 파도를 보자
두려운 마음이 들기 시작했다.
그때 베드로는 바닷 속으로 점점 빠져들어 가고 있었다.

주님께서는 '즉시' 베드로의 어려움을

살펴보시고 물속에서 꺼내어 주셨다.

물론 그는 믿음이 작은 자라고 꾸중을 들었다 할지라도

주님에게서 '사랑'으로 건짐을 받았다.

우리는 믿음이 없어 때때로 물속에 잠긴다.

그러나 그럴 때마다 주님은 즉시로 손을 내밀어

우리를 건져 주신다.

주님의 꾸중이, 주님의 호된 질책이,

가끔은 우리를 속상하게도 하지만

이 모든 것의 출발은 주님의 사랑에서부터 기인한다.

그 이후 베드로는 어떻게 되었는가?

그는 바닷속에서 건짐을 받고 다시 물 위를 걸어 제자들이

있는 배로 올라탔다.

처음에는 홀로 물 위를 걸었으나,

다시 물 위를 걸을 때는 예수님과 함께였다.

당신이 연약하여 홀로 할 수 없을 때,

언제나 손잡아 주시고 함께하시는 주님을 보라.

> 예수께서 '즉시' 손을 내밀어 그를 붙잡으시며 이르시되
>
> 믿음이 작은 자여 왜 의심하였느냐 하시고 '배에 함께
>
> 오르매 바람이 그치는지라_마 14:31-32

* 베드로는 폭풍우가 몰아치는 바다 위를 예수님과 함께 걸었다.

21 베드로, 바다 위를 두 번 걷다

22

그리스도의 부활이
주는 의미

시궁창 같은 이 현실, 영원히 끝나지 않을 것만 같은 지옥같은 이 세상을

견디고 버틸 수 있는 유일한 이유는, 그리스도가 부활하신 것처럼 우리도

영원한 기쁨과 행복을 향한 다시 살아남이 준비되어 있기 때문이다.

바울은 고린도전서 15장을 통하여 부활에 대해서 말하고 있다. 먼저 부활을 역사적인 사실로 증명하기 위해 완전한 인간으로 이 땅에 오신 그리스도의 죽으심과 다시 사심을 설명한다.

만일 죽은 자의 부활이 없다면 그리스도의 부활도 없었을 것이고, 그리스도의 부활이 없다면 우리가 전파하는 것은 헛것이며, 우리가 전파하는 것이 헛것이라면 우리는 세상에서 가장 불행한 자라고 말이다.

그리스도의 부활이 없다면 우리의 죄에 대한 문제는 절대로 해결할 수 없게 되며, 우리는 영원히 망하는 존재가 된다.

그리스도의 부활이 없다는 이유 하나만으로도 우리는

세상에서 가장 불쌍하고, 불행하며, 가장 거짓스러운
집단이 되어 버린다.

그러나 예수 그리스도는 성경의 기약대로 다시 부활하셨다.
역사적으로, 성경적으로 장사된 지 사흘 만에
완전히 살아나셨다.

따라서 그리스도의 부활이 없다면 세상에서 가장
불행하고 불쌍한 사람이 되어야 하는 우리가,
그리스도의 부활하심으로 인하여 세상에서
가장 복되고 행복한 사람들이 되어 버렸다.

그가 부활하심으로 우리의 모든 죄악 문제가 해결 되었다.
우리는 망한 존재가 아니라 세상이 줄 수 없는
가장 크고 놀라운 상급을 받는 자가 되었다.

불행하고 불쌍한 존재가 아니라 그리스도의 부활로 인하여
세상에서 가장 복된 존재가 된 것이다.

주께서 부활하셨으므로 우리도 부활할 것이다.
그리스도께서 잠자는 자들의 첫 열매가 되어 주심으로
우리도 부활의 열매를 맛보게 될 것이다.

시궁창 같은 이 현실, 영원히 끝나지 않을 것만 같은
지옥 같은 이 세상을 견디고 버틸 수 있는 유일한 이유는,
그리스도가 부활하신 것처럼 우리에게도 영원한 기쁨과
행복을 향한 다시 살아남이 준비되어 있기 때문이다.

그리스도의 부활은, 이 땅에서 지옥 같은 현실을 살아가는
우리의 유일한 소망이다.

23

평생의 준비
순간의 쓰임

맹인은 인간적 시선에서는 매우 불행하고,

불쌍한 삶이었으나, 하나님의 관점에서는

하나님의 영광을 위하여 철저하게 준비된 도구였다.

요한복음 9장에는 태어날 때부터 앞을 보지 못하는
맹인이 등장한다. 예수님의 제자들은 그가 누구의
잘못으로 인하여 맹인이 되었는지 질문한다.

이러한 사고방식은 당시 유대인들의 일반적인 상식이었다.
장애나 질병은 누군가의 죄로 인하여 발생되었다고
믿었기 때문이다. 그러니 태어날 때부터 맹인이었던
한 사람을 보자 제자들은 궁금했던 것이다.
예수님께서는 대답하신다.
"그 누구의 잘못도 아니다."

그리고 덧붙여 평생 맹인이었던 그를 통하여 하나님의 일들,
즉 하나님께서 영광을 받으실 것이라는 말씀을 하셨다.
하나님의 영광을 위하여 평생 동안 맹인으로
준비되어 있어야 한다는 사실은 얼마나 불합리하고

비상식적인 일인가?

엄연히 말하면, 그 맹인은 예수님을 만나 눈을 뜨기까지
같은 자리에서 평생 동안 앞을 보지 못하고 비참하게
기다리며 살아야 했다는 말이다.

우리 모두는 하나님께 귀하게 쓰임을 받고 싶어 한다.
그렇다면 귀하게 쓰임받는다는 의미는 무엇인가?
도대체 어떻게 해야 귀하게 쓰임을 받는 것인가?

아직도 우리는 이 세상의 가치와 기준에서 훌륭한 일들을
해내고, 높은 자리에 올라가야 귀하게 쓰임을 받았다고
생각한다. 그러나 이것은 철저하게 우리의 입장이다.
하나님은 순간을 위하여 평생 동안 불편함으로
준비하게 하셨던 맹인을 통하여 큰 영광을 받으셨다.

맹인은 인간적 시선에서는 매우 불행하고,
불쌍한 삶이었으나, 하나님의 관점에서는
하나님의 영광을 위하여 철저하게 준비된 도구였다.

당신은 하나님께 어떻게 쓰임받고 싶은가?
정말 쓰임받는 것이 목적이라면, 일평생 동안 주어지는
불편과 고통을 감내할 수 있는가?
혹, 우리 자신이 이루고자 하는 성공과 끝없는
박수갈채를 받기 위하여 하나님께 귀하게 쓰임받는다는
포장지를 예쁘게 덧입힌 것은 아닐까?
정답은 나 자신만이 알고 있을 것이다.

이제 우리도 순간을 위해 평생을 준비하는
하나님의 도구가 되어 보자.

24

진리가 너희를
자유롭게 하리라

물고기는 물 안에 있을 때가 가장 자유롭다.

우리가 쉽게 오해하고 있는 성경 구절 중 하나는
다음과 같다.

| 진리가 너희를 자유롭게 하리라_요 8:32

많은 사람이 이 구절을 대할 때,
'진리'에 초점을 두지 않고, '자유함'에 초점을 두고 있어
이 말씀을 오해하여 받아들인다.

우리가 진리를 안다는 것,
'예수님을 믿기만 한다면 무엇을 하든지 자유함 가운데
하고 싶은 대로 해도 괜찮다'는 것은
이 말씀을 크게 오해하고 있는 것이다.

예수님은 스스로를 '진리'라 말씀하셨다.

또한 성경에서 말하는 '앎'은,

대부분 지식적으로 아는 것(knowing)이 아니라,

관계(relationship)를 가지고 있다는 의미로 표현이 된다.

따라서 '진리가 우리를 자유롭게 한다'는 말은,

'예수 그리스도와 우리가 참된 관계를 가진다'는 뜻이다.

그렇다면 우리가 예수님과 참된 관계를 가지는 것과

우리가 자유로워지는 것에는 무슨 연관이 있는가?

죄와 사망의 권세에 속박된 우리가

예수 그리스도의 십자가 대속사건으로 인하여

죄에 대한 참된 해방을 얻고,

그리스도로 인하여 죄와 사망의 권세에 대한

참 자유를 얻는 것.

즉, 의와 생명의 권세 아래로 들어가는 것을 말한다.

하고 싶은 일을 마음대로 하는 것이

참된 자유를 뜻하지 않는다.

마치 물고기가 더 넓은 세상에서 누릴 자유를 위해

물 밖으로 나가면 죽는 것과 마찬가지이다.

물고기는 물 안에 있을 때가 가장 자유롭다.

우리가 그리스도안에 있을 때,

의와 생명의 법 아래 통치를 받을 때,

우리가 가장 우리 다울 수 있는 자유함이 있는 것이다.

'진리가 우리를 자유롭게 하는 것.'

오직 그리스도 안에서만 가능한 일이다.

사랑하면 변한다

하나님을 사랑한다면,

사랑하는 하나님이 기뻐하는 일들을 기꺼이 하게 된다.

'사랑하면 변한다.'

어린 시절, 내가 가장 싫어했던 일은 냄새나는

음식물 쓰레기 봉투를 버리고 오라는

엄마의 심부름이었다.

냄새가 나는 것은 물론이고 더럽고 비위가 상해,

엄마가 음식물 쓰레기를 버릴 때쯤이 되면

밖으로 도망 나가거나 방 안에 콕 숨어 버렸다.

차라리 화장실 청소를 매일 하는 한이 있어도 음식물

쓰레기 처리만은 세상에서 가장 피하고 싶은 일이었다.

그리고 어느새 성인이 되어 결혼을 하게 되었고,

집안의 음식물 쓰레기를 정리하고 봉투에 담아

버리는 일은 내 담당이 되어 버렸다.

어른이 되었다고 해서 음식물 쓰레기 처리가

쉬워진 것은 아니다.

여전히 음식물 쓰레기를 치우는 것은
내게 불편한 일 중에 하나이다.

그러나 사랑하는 아내가 더럽고 지저분한
음식물 쓰레기를 만지는 것보다
내가 직접 음식물 쓰레기를 치우는 것이
훨씬 마음이 편하고 좋았다.

그제서야 깨닫게 되었다.
'사랑하면 변한다.'
이전에는 죽도록 싫었던 일들도 사랑하는 사람을
위해서라면 아무렇지 않게,
오히려 기쁨으로 할 수 있게 되었다.

지금 이 글을 읽고 있는 당신은,

그리고 글을 쓰고 있는 나는

'우리는 하나님을 진심으로 사랑하는가?'

하나님을 사랑함으로 우리의 삶과

행동 양식의 변화가 진정으로 일어났는가?

하나님을 사랑한다면,

사랑하는 하나님이 기뻐하는 일들을 기꺼이 하게 된다.

우리의 삶이 여전히 하나님의 기쁨과 거리가 멀다면,

하나님을 향한 나의 사랑이 진실한지 확인해 보라.

'사랑하면 변한다.'

Part 2

함께 걷기

가장 큰 성령의 은사

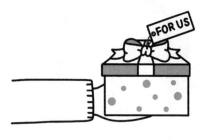

가장 중요하고 큰 성령의 은사는 다름이 아닌,

'예수를 그리스도'라 '예수를 주'라 고백할 수 있는

은혜를 누리는 것이다.

성경에는 다양한 성령의 은사들이 등장한다.

말 그대로 은사는 '하나님의 선물(gift)'이다.

그런데 언제부터인가 사람들이

하나님께서 주신 이 선물을,

자기 자신을 자랑하는 일에 사용하기 시작하였다.

방언의 은사를 받은 사람들은

방언을 하지 못하는 사람들을 가리키며

믿음이 없다고 판단을 하고,

예언의 은사를 받은 사람들은

마치 앞날을 점치는 점쟁이와 같이

사람들의 미래를 예측해 준다.

그 모습들이 마치 하나님의 자리에 그들이
대신 앉아 있는 것처럼 보이기까지 한다.

그래서 바울은 고린도전서 12-14장을 통하여
고린도교회와 더 나아가 오늘날을 살아가는 우리에게
하나님이 주시는 은사에 대해서 정확하게 가르쳐 주고 있다.

> 이 모든 일은 같은 한 성령이 행하사 그의 뜻대로 각 사
> 람에게 나누어 주시는 것이니라_고전 12:11
> 모든 것을 품위있게 하고 질서 있게 하라_고전 14:40

은사에 대한 바울의 결론은 성령께서
주시는 은사에는 우열이 없다는 것이다.
또한 더 나아가서 모든 은사들은 덕을 세우며 질서 있게
'공동체'를 위하여 사용되어져야 함이 마땅하다는 것이다.

그러나 바울은 은사에 대해 설명을 하는

고린도전서 12-14장 가운데 강조하고자 했던

가장 큰 은사를 맨 앞부분에 기록해 놓았다.

> … 또 성령으로 아니하고는 누구든지 예수를 주시라 할
> 수 없느니라_고전 12:3b

가장 중요하고 큰 성령의 은사는 다름이 아닌,

'예수를 그리스도'라 '예수를 주'라 고백할 수 있는

은혜를 누리는 것이다.

우리가 수십 가지의 은사들을 가지고 있다 할지라도,

예수 그리스도를 나의 아버지로,

나의 구주로 고백할 수 없다면

모든 은사들이 가진 의미가 전부 퇴색되어 버릴 것이다.

빛나는 조연, 아나니야

내가 무엇이 되고, 어떤 역할을 맡느냐가 아니라, 하나님의 말씀에

온전히 '순종'하는가 이다. 우리는 이해와 상식을 뛰어넘는

하나님의 말씀에 조건 없는 순종이 요구되는 시대를 살고 있다.

사도행전 9장은 기독교 역사에 있어서
가장 중요한 획을 그은 사건의 배경이 된다.
바로 '사울의 바울 됨'이 기록되어 있기 때문이다.

여느 날과 다름없이 사울은 다메섹에 사는 그리스도인들을
잡으러 가는 도중 하늘로부터 홀연히 내리는 빛에 눈이
멀어 버렸고, 거기서 예수님을 만나게 된다.
보지 못하고 먹지도 못하는 실성한 상태가 되어 버린
사울은 사람들의 손에 이끌려 한 마을에 거하게 된다.

사도행전 9장을 향한 모든 사람들의 관심은 온통
'바울'이 된 '사울'에게만 있다. 그러나 우리는 바울의
이 사건에만 잠시 등장하고 흔적도 없이 사라지는
한 인물에 대해서도 함께 마음을 나누어야 한다.

그의 이름은 '아나니야.'

성경은 그를 다메섹에 있는 한 제자로 표현한다.

그 외에는 그를 설명하는 것이 아무것도 없다.

하나님은 환상 중에 아나니야를 급작스레 부르셨다.

> 직가라 하는 거리로 가서 유다의 집에서 다소 사람 사울
> 이라 하는 사람을 찾으라_행 9:11

아나니야는 깜짝 놀랐다.

다메섹에서도 이미 사울은 '박해자'요,

'살인자'로 유명한 사람이었기 때문이었다.

예루살렘에서 벌어진 사건들이 다메섹에도 소문이 났으며,

곧 다메섹에 있는 자들도 핍박과 박해 가운데 던져질 것이라는

느낌이 있었는데, 그를 피하라 하지 않으시고

찾아가 만나라 하시니 아나니야는 기겁할 수밖에 없었다.

그러나 두려워하는 아나니야를 향해 하나님 나라와
복음 전파를 위하여 친히 택하신 '하나님의 그릇'이라고
사울을 설명하신다.
이에 아나니야는 아무런 질문이나 대꾸를 하지 않는다.
다만 온전히 하나님의 말씀에 순종하여 사울을 찾아가
안수하고 기도하여 주었다.

우리의 인생이 모두 '바울'과 같이 극적일 수는 없다.
때때로 '사울'을 '바울'로 만드는 일에 '아나니야'와 같은
빛나는 조연이 필요할 때도 있다.
중요한 것은 내가 무엇이 되고, 어떤 역할을 맡느냐가
아니라, 하나님의 말씀에 온전히 '순종'하는가 이다.
우리는 이해와 상식을 뛰어넘는 하나님의 말씀에
조건 없는 순종이 요구되는 시대를 살고 있다.

28
선교를 말하다

선교는 하나님의 은혜로 먼저 구원의 감격을 누리는 자들이

아직 그 구원의 감격을 누리지 못하는 자들을 향하여

그리스도의 구원의 복음을 전하는 것이다.

해마다 여름과 겨울이 되면 각 교회와 선교단체에서
짧게는 3박 4일, 길게는 일주일 이상의 단기 선교를 떠난다.
각 선교팀들은 선교를 위해 몇 달간 모여 준비하고
기도하며, 만날 영혼들을 사모하는 마음으로 기다린다.

그런데 우리가 단기 선교를 떠나기에 앞서
선교에 대한 정의가 먼저 필요하다.
우리나라가 처한 형편상 대부분의 선교지는
우리보다 잘살지 못하는 동남아시아를 비롯한
경제적 후진국으로 발걸음이 향하게 된다.

그러다 보니 선교의 개념 자체가 잘사는 선진국에서
못사는 후진국으로 물질적 도움을 주러 간다든지,
혹은 가난한 아이들에게 선물을 나눠주러 간다든지,
혹은 준비한 공연을 보여주러 가는 것으로

선교를 일반화시킬 때가 많이 있다.

그러나 선교는 결코 잘살기 때문에 못사는 나라로 가서
그들을 돕는 것이 아니다.

선교는 하나님의 은혜로
먼저 구원의 감격을 누리는 자들이
아직 그 구원의 감격을 누리지 못하는 자들을 향하여
그리스도의 구원의 복음을 전하는 것이다.

단기 선교팀들이 기억해야 할 것이 또 한 가지 있다.
선교팀은 일주일이 지나면 고국 땅으로 돌아가지만,
현지 선교사님과 선교 대상자였던 현지인들은
그곳에 남아 있다는 사실이다.

화려하고 놀라운 잔치를 벌이고 나면 선교지는

화려했던 만큼이나 허전해지고 공허함을 느낄 수 있다.

이때 남아 계신 선교사님들이 더욱 원활하고 풍성하게

사역하실 수 있도록 일주일의 기간 동안 선교사님과

합력하는 것이 가장 좋은 선교 활동이 된다.

선교는 끝까지 섬기는 것이다.

내가 준비한 모든 공연을 다 마쳐야만

만족하는 것이 아니라,

내가 준비한 모든 것들을 다 나누어 주어야

완성되는 것이 아니라,

나의 떠난 발걸음이 여전히 그리스도의 향기로 베어

남아있는 자들이 그리스도를 바라볼 수 있게 해야 한다.

'그리스도가 없는 곳마다 선교지이고,

그리스도의 심장이 있는 자마다 선교사이다.'

주기도문에서 배우는
기도의 목적

하나님께서는 우리가 구하기 이전에

우리에게 필요한 것이 무엇인지

이미 다 아시는 '하늘 아버지'라는 사실을 늘 기억하라.

우리는 기도의 대부분을 나 자신의 필요와

간구를 위해 사용한다.

그러나 마태복음 6장의 '산상수훈'을 통해

예수님께서 그의 제자들에게 가르쳐 주신 기도인,

'주기도문'에는 우리가 기도해야 하는 목적을

간결하면서도 무게 있게 나타내고 있다.

> 하늘에 계신 우리 아버지여 이름이 거룩히 여김을 받으
>
> 시오며 나라가 임하옵시며 뜻이 하늘에서 이루어진 것
>
> 같이 땅에서도 이루어지이다_마 :9-10

주님이 가르쳐 주신 기도문에는 하나님의 뜻이 이 땅에서도

이루어지기 위하여 기도해야 함을 분명히 명시하고 있다.

예수님께서 잡히시던 날 밤,

겟세마네 동산에서 땀방울이 핏방울이 되도록

간절히 기도하셨던 것도,

자신의 뜻이 관철되기를 기도한 것이 아니라

'하나님 아버지의 원대로' 이루어지길 바랬던 것뿐이셨다.

우리는 무엇을 구하는가?

나의 뜻을 관철시키기 위한 도구로 하나님께

기도라는 무기를 사용하지는 않는가?

물론 나의 필요를 구하지 말라는 의미가 결코 아니다.

핵심은 다음과 같다.

우리의 삶의 모든 간구와 필요보다 하나님의 뜻이

우리의 삶에 가장 앞자리에 위치해야 한다는 사실이다.

그러면 주님께서 우리에게 기도를 가르쳐 주신

목적에 부합하는, 합당한 기도를

우리도 날마다 하나님 앞에 드릴 수 있을 것이다.

하나님께서는 우리가 구하기 이전에

우리에게 필요한 것이 무엇인지

이미 다 아시는 '하늘 아버지'라는 사실을 늘 기억하라.

30

배우자를 위한 기도

내가 만나고 함께하고 싶은 사람의 상태와

조건만을 위해서 기도하지 말고, 배우자에게

'나는 어떤 사람이 될 것인가'를 놓고 먼저 기도하라.

미혼 청년들의 가장 큰

기도 제목 중에 하나는

평생을 함께할

배우자를 위한 기도이다.

어떤 사람들은

자신이 원하는 이상적인 배우자의

기도 리스트를 만들어,

'키는 몇 얼마',

'직업은 어떤 것',

'성품은 어떻고',

'신앙은 어느 정도'라는

기준을 스스로 설정해 놓고 기도를 한다.

배우자 기도 목록에 있는

모든 것을 조합해 보면

이 땅에 존재할 수 없는

가장 완벽한 사람이 만들어진다.

당신이 그렇게 수십, 수백 가지를 적어서

만들어 놓은 가상의 완벽한 인물은

여기 이 땅에 존재하지 않는다.

설령 그가 이 땅에 존재한다고 한들,

그렇게 완벽하고 부족함이 없는 사람이

무엇이 아쉬워 우리 같이

연약한 사람들을 선택하겠는가?

배우자를 위한 기도.

내가 만나고 함께하고 싶은 사람의 상태와

조건만을 위해서 기도하지 말고,

배우자에게 '나는 어떤 사람이 될 것인가'를 놓고
먼저 기도하라.

하나님은 사람이 독처하는 것을
좋지 않게 여기시고
서로를 도우며 사랑하도록 돕는 배필을 두셨다.
이제 내가 원하는
이상적인 사람만을 찾지 말고,
내가 먼저 합당하고
온전한 사람이 되길 기도하자.

31
하나님이 우리를
사랑하시는 이유

오늘도 우리가 하나님께 변치 않는 영원한 사랑을 받는

이유는 우리 안에 있는 하나님의 형상 때문이다.

하나님의 사랑은 인간의 잘남과 못남에 달려 있지 않다.

우리는 하나님의 사랑을 받고 사는 사람들이다.

그럴만한 자격이 없음을 알고는 있지만,

우리는 하나님을 언제나 나를 사랑해 주셔야만 하는

분으로 그렇게 생각한다.

그렇다면 왜? 하나님은 우리를 사랑해 주셔야 하는가?

더 근본적인 질문으로,

하나님은 우리를 '왜' 사랑하시는가?

하나님이 우리를 사랑하시는 이유는

창세기 1장 26절에 정확하게 기록되어 있다.

> 하나님이 이르시되 우리의 형상을 따라 우리의 모양대
>
> 로 우리가 사람을 만들고 그들로 바다의 물고기와 하늘
>
> 의 새와 가축과 온 땅과 땅에 기는 모든 것을 다스리게
>
> 하자 하시고_창 1:26

하나님이 우리를 사랑하시기에 앞서,

삼위 하나님(성부, 성자, 성령)간의 극진하신 사랑이

무엇보다 크다는 사실을 우리는 반드시 알아야 한다.

그런 하나님의 형상과 모양이 우리 사람에게 덧 입혀졌다.

이 말은 곧,

하나님께서 사람을 보실 때 사람 안에

하나님의 모습이 비추인다는 사실이다.

마치 우리가 거울을 통하여

우리 자신의 모습을 볼 수 있는 것과 같이,

하나님도 사람을 통하여 그 안에 비추는

하나님의 형상과 모습에 '심히' 기뻐하셨던 것이다.

오늘도 우리가 하나님께 변치 않는 영원한 사랑을 받는
이유는 우리 안에 있는 하나님의 형상 때문이다.
하나님의 사랑은 인간의 잘남과 못남에 달려 있지 않다.

우리 안에 있는 하나님의 형상이
가장 큰 하나님 사랑의 증거가 된다.

죄로 인하여 하나님의 형상이
깨어지고 망가졌다 할지라도,
우리 안에는 하나님의 형상이 잔존해 있다.
그것이 존재하는 한 누구보다도 스스로를
가장 사랑하시며 위하시는 하나님께서,
당신의 모습이 남아 있는 우리를
끝까지 사랑하실 것이다.

32

우리에게 왕을 주소서

전능하신 우리의 하나님이 온 세상의 주인이시며

왕이시라는 사실을 결코 잊지 않는 삶을 살아내야 한다.

이스라엘의 영적 암흑기였던 사사시대가 끝이 날 무렵,

이스라엘 백성들은 사무엘 선지자에게

'우리를 다스릴 왕을 주소서'라는 요청을 한다.

사실 이스라엘 백성들에게는 '하나님'이

왕으로 계셨음에도 불구하고,

그를 온전히 왕으로 섬기고 모시지 못하였다.

이스라엘 백성들이 결정적으로

그들의 왕을 요구한 이유는,

그들이 거주하고 있던 가나안 땅의 주변 민족들이 가진

눈에 보이는 실존하는 '왕'의 존재를 보고

질투하였기 때문이다.

이스라엘 백성들은 눈에 보이지는 않으나
실재하시는 전능하신 왕을 앞에 두고,
눈에 보이기는 하지만 무능력한 인간 왕을 두었던
이방인들을 시샘했던 것이다.

때때로 우리들은 눈에 보이지 않으시는 하나님의
실존에 대해 무감각할 때가 너무나도 많다.

눈에 보이는 것들이 전부인 것마냥 살아가는
세상의 논리 앞에서,
보이지 않는 하나님을 예배하며 살아간다는 것이
미련해 보이는 것처럼 말이다.

그러나 우리는 온 우주와 세상을 다스리시는 진정한 왕은,
'하나님'이라는 사실을 인지하고 또 인식하며 살아야 한다.

태초부터 지금까지, 그리고 영원토록
세상은 하나님의 선하신 뜻 안에서 움직인다.

지금 망가진 것처럼 보이는
나의 삶이 이해되지 않는다 할지라도,
다른 사람들과 비교하여 보았을 때
뒤처지는 것처럼 느껴진다 할지라도,
전능하신 우리의 하나님이 온 세상의 주인이시며
왕이시라는 사실을 결코 잊지 않는 삶을 살아내야 한다.

가장 능력 있는 왕을 모시고 살면서도,
또 다른 왕을 구했던 미련한 사사시대의 암울했던 기류가
오늘날 우리의 삶에 반복되지 않기를 간절히 소망한다.

33

리더가 가는 곳까지

(사랑하는 리더들에게)

리더의 자리가 쉽지는 않지만,

어느 자리 하나 하나님의 허락하심 없이

세워지는 자리는 없다.

각 공동체마다 세워진 리더들의 무게감은
두말할 것도 없이 묵직하다.
자신의 개인적인 삶을 살아내야 함과 동시에
리더가 책임지고 돌봐야 할 영혼들과
함께 살아내야 하기 때문이다.

우리가 속해 있는 공동체의 구조상 팀원들은
리더들의 역량만큼 성장하며,
리더가 주는 영향력에 영향을 받을 수밖에 없다.

구약의 이스라엘을 보기만 하더라도
우리는 쉽게 이해할 수 있다.
이스라엘의 역사 가운데 그들의 지도자가 누구였는가를 보면
시대의 흐름과 백성들의 상태를 어림짐작하여 볼 수 있다.

리더는 자신이 가는 곳까지 공동체원들을 이끌 수 있다.
'모세'는 이스라엘 백성들을 출애굽시키기 이전에
'미디안 광야'에서 40여 년의 시간을 보냈다.
이 시간을 바탕으로 그는 능숙하게 이스라엘 백성들과
함께 광야생활을 40여 년간 할 수 있었다.

'여호수아'는 '가나안 땅'을 정탐하는
열두 정탐꾼 중에 한 사람이었다.
그런 그는 이스라엘 백성들을 가나안 땅에 안착시키고
살아갈 수 있도록 인도하고 지도하였다.

리더의 자리가 쉽지는 않지만,
어느 자리 하나 하나님의 허락하심 없이
세워지는 자리는 없다.
인간적인 부탁에 의해서 세워졌다 할지라도

그 자리는 분명 하나님이 세우신 자리이다.

그러나 우리가 평생 리더로 섬길 수는 없다.

그렇다면 우리에게 허락된 시간만큼은

사람 때문에 실망하기 보다 하나님으로 인하여

기뻐해야 한다.

자격이 안되는 나에게 주신 직분에 순종하며,

가장 낮은 자의 자세로 섬기는 마음을 가져야 한다.

리더,

오늘 당신이 밟는 그 땅은 언젠가 당신의 사람들을 이끌고

다시 한 번 밟아야 할 땅이다.

따라서 오늘 우리의 하루가 헛된 발걸음이 되지 않도록,

매 순간의 발걸음이 주님의 인도하심 속에 거하도록,

기도하며 차근차근 걸어가도록 하자.

끝까지 사랑하시니라

세상은 끝이 나도,

당신을 향한 하나님의 사랑은 끝이 없다.

예수님의 공생애 3년의 시간은
요한복음 1장부터 12장 안에 기록되어 있다.
그런데 놀랍게도 예수님께서 잡히시던 날 밤부터
다음 날 오후 십자가에서 죽으시는 순간까지, 하루가 채
안되는 시간의 사건들은 요한복음 13-19장에 담겨 있다.

요한은 예수님과 보내는 마지막 날 밤의 시작을
다음과 같이 강조하며 기록하고 있다.

> 유월절 전에 예수께서 이 세상을 떠나 아버지께로 가야
> 할 자신의 때가 이른 줄 아시고 세상에 있는 자기 사람
> 들을 사랑하시되 끝까지 사랑하셨다_요 13:1, 바른성경

예수님이 우리를 사랑하신다는 말은
우리에게 너무 익숙한 말이다.

그래서 교만한 우리는 예수님의 그 사랑이 당연하게
느껴질 뿐 아니라, 때때로 그 사랑에 무뎌지기도 한다.

그런데 보라! 요한복음 13장 1절은 예수님께서
자기 사람들을 사랑하시되
'끝까지' 사랑하신다고 말씀하셨다.
예수님이 끝까지 사랑하신다고 표현했던 사도 요한의
참 의도는 무엇이었을까? 먼저는 그리스도께서 자신의
생명을 십자가에 내어주시는, '대신 죽어주시는 사랑'이다.
십자가에 매달려 처참히 죽어야 할 사람은 예수님이
아니라 바로 죄로 가득한 '우리'였다.

둘째는 '영원한 관심을 베푸시는 사랑'이다.
육체를 입으신 성자 하나님이신 예수님은
이제 떠나셨지만, 성령 하나님을 보내사 우리 안에

거하게 하심으로 가르치고 인도하시고며 보호하신다.

셋째는, '우리를 위해 계속해서 기도해 주심'으로

끝까지 우리를 사랑하신다.

> 내가 그들을 위하여 기도합니다. 내가 세상을 위하여 기
> 도하지 않고 '아버지께서 내게 주신 자들을 위하여 기도
> 하니', 이는 그들이 아버지의 것이기 때문입니다._요 17:9,
> 바른성경

이 글을 읽고 있는 당신은

예수님께서 자신의 몸이 찢기시고 온몸의 물과 피가

쏟아질 때까지 사랑해 주시는 존귀한 자녀이다.

세상은 끝이 나도,

당신을 향한 하나님의 사랑은 끝이 없다.

35

만나, 지금 당장 만나

아무것도 없는(Nothing) 광야에서,

하나님은 그들의 모든 것(Everything)이 되어 주셨다.

먹을 것도 마실 것도 없는

아무것도 없는 광야에서 하나님은 이스라엘 백성들에게

매일 아침 만나를 내려 주셨다.

매일 아침마다 한 사람이 한 오멜씩

사람 수대로 거두어 갈 수 있도록

하나님은 그들이 머문 온 지면에 만나를 내려 주셨다.

이렇게 5일 동안은 주어진 정량대로 만나를 거두어

하루치 식사를 해결했고,

여섯째 날에는 이틀 치를 거두어 안식일을 지키게 하셨다.

그러나 어떤 사람들은 하나님의 말씀에 불순종하여

하루치가 넘는 양을 퍼담아 왔다.

그들은 자신의 장막에 하루치가 넘는 만나는 숨겨둔 채,

다음 날까지 간직하였다.

이내 하루가 지난 만나는 변질되기 시작하였고,

썩은내와 동시에 벌레들이 들끓었다.

하나님은 그들을 가리켜 불순종하는 자들이라 말씀하시며

몹시 화를 내셨다.

의지할 것이라고는 아무것도 없는 광야에서

오직 하나님만이 그들의 모든 것이 되어 주셨다.

만나를 일주일 치, 한 달 치를 주지 않으시고

매일 아침마다 성실하게 나가서 주워 담아야 했던 이유는,

매일매일의 만나를 통해서 하나님이 그날그 날의

생명의 공급자가 되어 주심을

이스라엘 백성들에게 스스로 나타내신 것이다.

아무것도 없는(Nothing) 광야에서,

하나님은 그들의 모든 것(Everything)이 되어 주셨다.

오늘 우리에게 주시는 하나님의 은혜도 이와 같다.

일주일 치의 은혜, 한 달 치의 은혜가 아니라

오늘 하루를 살 수 있는,

'매일의 은혜'가 필요하다.

하루살이의 은혜라 할지라도

아침부터 저녁까지 부어주시는 그 은혜라면

우리는 그저 만족하고 감사할 따름이다.

내일 아침 또다시 부어 주실

은혜의 만나가 더욱 기다려지는

설레는 밤이다.

누구의 손에
붙들리는가

오늘 하나님께서는 부러진 '몽당연필' 같은

우리를 사용하셔서,

'최고의 작품'을 그려내길 원하십니다.

우리는 스스로가 가진 능력에 대해

많은 관심을 가지고 살아간다.

또한 스스로의 가치를 높이기 위해 최선을 다해 노력한다.

그리고 우리가 할 수 있는 일들과 할 수 없는 일들을

스스로 구분해 가며, 우리가 얼마나 가치 있는 사람인지

증명해 내며 살아간다.

그러나 우리의 삶은 사람에 손에 붙들려야만

사용이 가능한 '펜'과 같은 도구이다.

제아무리 뛰어난 성능과 값어치를 가지고 있다 할지라도

도구를 사용하는 자의 손에 붙들리지 않는다면,

그것은 무용지물이 되고야 만다.

그렇다면 무조건 붙들리기만 하면 되는 것인가?

결코 그렇지 않다!

누구에게 붙들리는가?

누구에게 사용받는가?

이것이 더 중요한 문제이다.

우리가 수천만 원 혹은 수억 원대의 값어치를

지니고 있는 펜이라고 할지라도,

전혀 글을 쓸 줄 모르는 갓난아이의 손에 붙들린다면,

우리는 아이의 '낙서도구'가 된다.

그러나 우리 자신이 고작 몇백 원도 안되는

부러진 몽당연필이라 할지라도

세계 최고의 명필가가 손에 잡고 사용한다면,

우리는 값을 매길 수 없는 작품을 만들어 내는

'귀한 도구'가 되는 것이다.

이제는 나 자신의 가치를 높이기 위해 힘쓰기보다,

나를 사용하시는 하나님의 손에

온전히 붙들리기를 간구하자.

오늘 하나님께서는 부러진

'몽당연필' 같은 우리를 사용하셔서,

'최고의 작품'을 그려 내길 원하신다.

그의 손에 붙들려 있는 동안에는 우리의 힘을 빼자.

내가 그려 내고 싶은 것들을 그려 내는 것이 아니라,

나를 붙드시고 이끄시며 그려 가시는

하나님께 모든 것을 맡기자.

연약함을 넘어 최고의 것을 그려 내시는 하나님은,

오늘도 나를 결코 놓지 않으시고 꼭 붙들어 사용하길 원하신다.

도마를 향하신
예수님의 관심

오늘도 당신은 여전한 예수님의 관심사이다.

'의심 많은 도마.'

도마에게 붙여진 이 별명은 아마도 주님이 오시는

그날까지 우리의 마음속에서 떠나지 않을 것이다.

도마는 어쩌다 의심의 아이콘이 되었을까?

아마도 자신의 눈으로 예수님의 못 자국을 보고,

옆구리에 난 창 자국에 직접 손을 넣어 보지 않고는

믿지 않겠다고 했던 확고함 때문일까?

사실 도마뿐만 아니라 나머지 열 제자들도

부활하신 예수님을 믿지 못하고 의심했다는 것은

너무도 자명한 일이다.

> 그들이 놀라고 무서워하여 그 보는 것을 영으로 생각하
>
> 는지라 예수께서 이르시되 어찌하여 두려워하며 어찌하

여 마음에 의심이 일어나느냐 내 손과 발을 보고 나인 줄 알라 또 나를 만져 보라 영은 살과 뼈가 없으되 너희 보는 바와 같이 나는 있느니라_눅 24:37-39

부활하신 예수님과 제자들이 처음으로 만난 그날,
도마는 현장에 있지 않았다.
의심하는 제자들을 꾸짖으셨던 예수님께서 손에 난
못 자국과 옆구리의 창 자국을 보여주셨다.
이 사건을 제자들 중 누군가가 도마에게 전한 것으로 보인다.

그 말을 전해 들은 도마 역시, "나도 너희들처럼 손으로
만져 보고, 눈으로 보지 않고는 절대로 믿지 않겠어"라고
말을 했는지도 모른다. 그리고 8일이 지나 제자들이 도마와
함께 모여 있을 때, 주님은 다시 그들 가운데 나타나셨다.
그리고 도마를 향하여 느닷없이 이렇게 말씀하셨다.

네 손가락을 이리 내밀어 내 손을 보고 네 손을 내밀어
내 옆구리에 넣어 보라 그리하여 믿음 없는 자가 되지
말고 믿는 자가 되라_요 20:27

예수님은 자신이 없었을 때 홀로 이야기했던 도마의 말
그대로 행동하셨다. 마치 도마가 의심하는 마음으로
있을 때, 그 곁에서 직접 들으셨던 것처럼
다시 나타나셔서 그의 의심을 말끔하게 씻어 주셨다.

주님은 우리의 연약함을 결코 간과하지 않으신다.
우리를 사랑하시되 끝까지 사랑하시는 주님은,
우리의 믿음 없음을 안타까워하시며 끊임없이
돌보아 주시고 다듬어 가 주신다.
오늘도 당신은 여전한 예수님의 관심사이다.

38
택배신앙

'사랑하는 마음'이 있다면, 간절히 만나고 싶어지는 기다림이 생기게 된다.

'사랑하는 마음'이 있다면, 상대방의 마음을 헤아리기 위한

열정있는 관심이 생기게 된다.

몇 번의 간단한 손가락 클릭만으로
필요한 물건이 현관문 앞까지 배달되는
'택배 서비스.'
현대를 살아가는 우리에게는 없어서는 안될
아주 중요한 서비스로 자리매김을 했다.

그러다 보니 주문한 물건이 언제쯤 오나
하루 종일 관심을 가지고 찾아보는,
택배에 마음을 뺏기는 일들이 부쩍 잦아졌다.

택배 물품의 값이 비쌀수록,
평소에 간절히 원했던 것일수록,
물건이 도착하는 시간이
더욱 기다려지고 설레어진다.

택배를 기다리는 모습들을 보며,

우리의 신앙생활의 태도를 돌이켜 본다.

택배 기사 아저씨를 기다리는 마음으로

우리가 주님을 기다렸다면,

운송장 번호를 입력하며 위치를 확인하는 열정으로

우리가 성경을 들여다보았다면,

아마도 이처럼 유혹 많고, 시험 많은 세상에서

이리저리 치이며 살아가진 않았을텐데….

'사랑하는 마음'이 있다면,

간절히 만나고 싶어지는 기다림이 생기게 된다.

'사랑하는 마음'이 있다면,

상대방의 마음을 헤아리기 위한 열정 있는

관심이 생기게 된다.

나를 사랑하는 자들이 나의 사랑을 입으며 나를 간절히

찾는 자가 나를 만날 것이니라_잠 8:17

택배만도 못한 사랑으로 주님 앞에 나아가지 않도록,

더욱 뜨거운 마음과 사랑을 담아 다시 한 번

주님께 나아갈 수 있기를 소망한다.

39

하나님 나라

이미 우리에게 임한 하나님의 나라와

아직 우리에게 임하지 않은 하나님의 나라는

흔들리지 않고 변함이 없다.

하나님 나라는 어떤 곳일까?

아니 그보다 하나님의 나라는 무엇일까?

하나님의 나라는 두 가지 의미에서 생각해 볼 수 있다.

먼저, 우리가 잘 알고 있듯이 죽어서 가는 천국.

곧, 장소적 개념으로의 '하나님 나라'가 있다.

두 번째 의미는 첫 번째 의미보다 더 중요하다.

하나님의 나라는 장소적 의미뿐만 아니라,

'하나님의 주권과 통치가 드러나는 곳'.

즉, 하나님이 다스리시는 곳이 바로 하나님의 나라이다.

따라서 우리가 살아가는 이 땅.

시궁창 같고 지옥 같은 현실에서도 하나님의 통치를 따르며

그의 주권에 순종하는 삶을 살아내고 있다면,

우리는 이미 하나님의 나라에서 살고 있는 것이다.

하나님의 나라는 '이미' 우리에게 주어졌다.
그리고 하나님의 나라는 '아직' 도래하지 않았다.

그래서 우리들은 '이미와 아직' 사이를 살아내는 삶을
살아가고 있는 것이다.

이미 우리에게 임한 하나님의 나라와
아직 우리에게 임하지 않은 하나님의 나라는
흔들리지 않고 변함이 없다.

문제는 그 중간을 살아내는 우리의 삶의 태도이다.
눈에 보이지는 않지만,
삶의 모든 영역이 하나님의 주권 아래에 있다 여기고,

그의 통치 아래 한 걸음씩 순종하며 나아간다면

어느새 우리는 이 땅의 하나님 나라에서,

영원한 하나님 나라의 문 앞에 서 있게 될 것이다.

이미 시작된 하나님의 나라에서

다가올 하나님의 나라를 꿈꾸며

기대하는 마음으로 하루하루 준비하며 살아가도록 하자.

40

What do you have?

예수 그리스도의 이름에는,

우리가 처음 지음받은 본연의 모습 그대로 살아가도록

이끄시는 놀라운 힘과 능력과 권세가 있다.

사도행전 3장을 보면 태어날 때부터 단 한 번도
걸어 보지 못한 앉은뱅이가 등장한다.
여느 날과 다름없이 그는 사람들의 도움을 받아
성전 미문에 앉아 구걸하며 하루를 보내고 있었다.

여러 사람들이 성전을 오고 가며,
미문 앞에서 구걸하는 앉은뱅이를 위해
한 푼, 두 푼, 때로는 먹을 것을 던져 주기도 했다.

그러던 어느 날 베드로와 요한이 기도시간이 되어
성전에 오를 때,
미문 앞에 앉아서 구걸하는 앉은뱅이를 만나게 된다.
앉은뱅이는 늘 하던 대로 그들을 향하여 구걸을 하였고,
베드로와 요한은 그 앞에 잠시 멈추어 서서 그를 응시하였다.
앉은뱅이는 그들을 통해 무엇을 얻을까 하여

고개를 들고 바라보았다.

그때, 베드로가 침묵을 깨고 생각하지도 못한 말을 던진다.

> 은과 금은 내게 없거니와 내게 있는 것을 네게 주노니
>
> 나사렛 예수의 이름으로 일어나 걸어라_행 3:6

그날 하루의 먹을 양식이나 필요한 물건을 사는 데

필요한 돈을 기대했던 앉은뱅이에게는

충격적인 말이 아닐 수 없었다.

지금까지 단 한 번도 생각해 보지 못했던,

영원히 불가능한 일이라 생각했던 '일어나 걷는 일'을

베드로는 너무도 자신있게 선포했던 것이다.

앉은뱅이에게 정말 필요한 것은 무엇이었을까

잠시 생각해 보게 된다.

정말 그에게 필요한 것은 그 날의 양식이 아니라,

하루를 보낼 금과 은이 아니라,

일어나 걸으며 생활할 수 있는 지극히

'평범하고 일상적인 하루'였다.

그러나 더 중요한 것은,

베드로가 가지고 있는 '예수님의 이름'이다.

그의 이름에는 '능력'이 있다.

그의 이름에는 '생명'이 있다.

예수 그리스도의 이름에는,

우리가 처음 지음받은 본연의 모습 그대로 살아가도록

이끄시는 놀라운 힘과 능력과 권세가 있다.

우리가 바로 그 이름을 소유한 자들이다.

당신의 이삭은
무엇입니까?

그럼에도 불구하고 아브라함에게 이삭을 바치라 말씀하신 이유는

아브라함으로 하여금

'그가 하나님을 얼마나 사랑하는지 알게 하시기 위해서이다.'

하나님께서 아브라함에게 자손을 주시기로 약속하신 지
25년의 시간이 흘렀다. 길고 긴 인내의 시간이 지나고,
하나님께서는 결국 '이삭'이라는 약속의 자녀를 허락하셨다.

아브라함에게 '이삭'은 어떤 존재였을까?
이삭은 하나님의 약속에 대한 응답이었지만,
동시에 아브라함에게는 사랑과 애정이 어린 '아들'이었다.

이삭을 향한 아브라함의 마음은 점점 커져만 갔고,
하나님의 선물, 하나님의 약속의 성취로서의 이삭의 자리는
점차 '나의 아들', '나의 사랑'으로 변모되어져 갔다.

창세기 22장은 하나님께서 아브라함에게
사랑하는 독자 이삭을 번제물로 바치라는
충격적인 명령으로 그 서막을 올린다.

아브라함은 하나님의 명령에 주저함 없이 순종하였고,
모리아산 위 번제단에서 그 아들 이삭을
번제물로 하나님께 드렸다.

하나님은 이삭을 바친 아브라함에게 말씀하셨다.

> 네가 네 아들, 네 외아들까지도 아끼지 않으니, 이제 나는
> 네가 하나님을 경외하는 것을 알았다._창 22:12b, 바른성경

하나님은 정말 아브라함이 얼마나 하나님을 사랑하고
경외하는지 모르셔서 이삭을 바치라고 하신 것일까?
전지전능하신 하나님께서 정말 모르시는 영역이
있는 것일까? 그래서 아브라함에게 그 사랑하는 독자
이삭을 바치라고 하시며 시험하신 것일까?
전혀 그렇지 않다. 하나님은 알고 계셨다.

아브라함의 하나님을 향한 사랑과 경외가

어떠한지 이미 알고 계셨다.

그럼에도 불구하고 아브라함에게 이삭을 바치라고

말씀하신 이유는, 아브라함으로 하여금 '그가 하나님을

얼마나 사랑하는지 알게 하시기 위해서이다.'

이삭을 향한 아브라함의 마음이

'감사함'에서 지나친 사랑으로 '우상숭배'가 되어져 갈 때,

하나님은 아브라함으로 하여금 스스로 하나님을

얼마나 사랑하는지 이 시험을 통해서 깨닫게 하신 것이다.

그렇다면 우리가 하나님보다 더 사랑하는

우리들의 우상은 무엇이 있는가?

오늘 나의 삶의 번제단에 올려 놓을

나의 '이삭'은 무엇인가?

42

출애굽기 함께 읽기

하나님은 우리의 고통을 보시고, 우리의 부르짖음을 들으시며,

우리에게 찾아오셔서, 원수에게서 건지시고,

약속하신 땅을 향하여 인도하시고, 나라에 데려가는 분이시다.

40장으로 되어 있는 구약의 출애굽기는,

세계 최강대국이었던 애굽 땅에서 200여만 명으로

추산되는 '이스라엘' 민족이

'출애굽'하는 내용을 기록한 말씀이다.

모세를 부르시는 과정에서부터

출애굽 하여 홍해를 가르고,

시내산 위에서 하나님께 율법을 받으며,

성막을 처음으로 세워 갔던 출애굽기는

참으로 흥미로운 내용들로 가득하다.

출애굽기를 읽는 다양한 관점이 있지만,

『삶의 이유』에서는 출애굽기를 보다 '하나님의 관점'으로

읽고 그 마음을 느낄 수 있도록

하나의 방법을 제시하고자 한다.

출애굽기 전체를 이끌어 가는 키워드는
출애굽기 3장 7-8절에 집약되어 있다.

> 여호와께서 이르시되 내가 애굽에 있는 내 백성의 고통
> 을 분명히 '보고' 그들이 그들의 감독자로 말미암아 부
> 르짖음을 '듣고' 그 근심을 '알고' 내가 '내려가서' 그들을
> 애굽인의 손에서 '건져내고' 그들을 그 땅에서 '인도하
> 여' 아름답고 광대한 땅, 젖과 꿀이 흐르는 땅 곧 가나안
> 족속, 헷 족속, 아모리 족속, 브리스 족속, 히위 족속, 여
> 부스 족속의 지방에 '데려가려' 하노라_출 3:7-8

출애굽기 3장 7-8절에 나오는 본문의 '동사'들이
출애굽기 전체를 열어 가는 키워드가 된다.
또한 이 시대를 살아가는 우리들의 인생을 풀어가는 데
있어서도 동일하게 적용된다.

하나님은 우리의 고통을 보시고,

우리의 부르짖음을 들으시며,

우리에게 찾아오셔서, 원수에게서 건지시고,

약속하신 땅을 향하여 인도하시고,

그 나라에 데려가는 분이시다.

오늘부터 즐거운 '출애굽' 여행을 통해,

말씀을 깊이 묵상하기를 『삶의 이유』가 소원하며….

주님 말씀하시면

우리의 인생에 가고 서는 일종의 '시간표'는

오직 하나님의 손에 달려 있다.

하나님의 말씀을 따른다는 것은 무엇일까?

어느 정도의 순종을 요구하시는 것일까?

그리고 가고 서는 것을 주님의 뜻에

맡긴다는 고백은 어떤 것일까?

출애굽기를 마무리하는 40장 끝을 보면,

이스라엘 백성들이 가고 서는 것에 대한

짤막하면서도 상세한 설명이 나온다.

이스라엘 백성들은 성막 위로 구름이 떠오를 때

앞으로 나아갔으며,

구름이 떠오르지 않을 때는 구름이 떠오르는 날까지

절대 나아가지 않았다.

이스라엘 백성들의 가고 서는 모든 움직임은

그들의 계획과 판단에 근거하는 것이 아니라
구름, 즉 하나님의 임재(하나님의 말씀)에 따라
진행되어졌던 것이다.

200만이나 되는 거대한 민족이 이동을 하며
때로는 쉬고 싶은 날도 있었을 것이다.
힘들게 이동을 하다 한곳에 머물러 장막을 치고 좀 쉬고자
했을 때에도 구름이 다시 떠올라 앞으로 나아간다면,
주저 없이 하나님의 인도하심을 따라 앞으로 따라갔다.

한곳에 너무 오래 머물러 이제 떠나야 할 때가
되었다고 조바심을 느낄 때에도
먼저 움직이지 않고 떠오르는 구름을 온전히 기다렸다.

바로 이것이 하나님의 말씀을 따라 '가고 서는 것'이다.

내 시간표에 하나님을 밀어 넣고 내가 원하는 때에
일하시기를 요청하는 것은
진정한 의미에서 하나님을 따르는 것이 아니다.

우리의 인생에 가고 서는 일종의 '시간표'는
오직 하나님의 손에 달려 있다.
우리의 모든 인생길에 앞서 계시며,
우리의 시작과 결말을 알고 계시는 하나님께서,
가장 적절한 때에 우리를 움직이고 멈추게 하시는
분이심을 믿는 믿음이 필요한 때이다.

오늘 우리의 하루 가운데 떠오르는
하나님의 구름기둥과 불기둥이 인도하시는 대로
나의 발걸음과 삶을 내어드릴 수 있는
견고한 믿음이 두 발에 가득하기를.

뭉치면 살고
흩어지면 더 산다

열방은 아직도 두 손에 복음을 가득 머금은

우리 그리스도인들을 기다리고 있다.

'뭉치면 살고 흩어지면 죽는다.'

어릴 적부터 많이 들어온 문구이다.

나라가 하나 되게 하기 위해서 사용되어졌던 그 말.

지금도 공동체의 견고함을 위한 문구로 사용된다면

매우 적절해 보인다.

그러나 우리의 뭉쳐 있음이

지나치게 고립되고 고인물이 되어

기독교 신앙이, 그리고 교회가 '그들만의 잔치'로

전락해 버리고 말았다.

교회 안에서 우리들끼리의 연합은 너무도 좋다.

다른 누가 우리의 울타리 안으로 들어오지 않아도

우리들끼리 충분히 즐겁고 행복하다.

바로 그게 '문제'이다.

교회는 거룩한 의인들의 집단이 아니라,
'죄인'들의 모임이다.
여전히 하나님의 은혜가 필요하고,
그리스도로 인하여 죄에서 벗어나야 하는 자들이 와서
새사람으로 거듭나는 장소가 바로 교회이다.

그러나 언젠가부터 교회는 세상을 향하여 굳게 문을 닫았다.
교회 안에 있는 죄인들을 향하여 먼저 믿은 자들의
손가락질이 생겨나기 시작했고, 믿음이 있다고
말하는 자들의 비판과 정죄가 난무하게 되어 버렸다.

우리끼리만 좋고, 우리끼리만 모여 있다면,
결코 복음은 밖으로 퍼져 나갈 수 없다.
우리가 하나되어 행복한 신앙공동체를 유지하는 것은
우리만의 즐거움이 아니라, 복음이 필요한 또 다른

누군가를 품어주기 위함이 아니던가?

초대교회가 막 세워졌을 때, 하나님은 복음이

온 열방 가운데로 흘러가게 하시기 위하여,

사도들과 믿는 자들을 핍박과 박해 가운데

거하게 하심으로 그들을 온 열방 가운데로 흩으셨다.

그들로 하여금 충분히 즐겁고 행복한 신앙 공동체를

유지하게 하실 수 있었음에도 불구하고 하나님은

그들을 핍박과 박해 가운데 던지심으로 그들이 복음을

가지고 열방으로 흩어지도록 인도하셨다.

오늘날의 교회도 '우리들만의 잔치'가 되지 않도록

열방을 향하여 복음을 들고 흩어지고 또 흩어져야만 한다.

열방은 아직도 두 손에 복음을 가득 머금은

우리 그리스도인들을 기다리고 있다.

느헤미야의 기도

느헤미야의 기도를 통하여 우리의 기도의 대상을 바로 알고,

하나님 앞에 온전히 회개하며, 하나님의 약속을 굳게 붙들어,

하나님의 은혜를 구하는 기도를 하자.

북 이스라엘이 앗수르에 의해 멸망 당했고,

남 유다마저 바벨론에 의해 처참하게 짓밟혀 버렸다.

느헤미야 역시 나라가 패망함과 동시에

바벨론 제국의 포로로 끌려가 고국을 떠났다.

그러던 어느 날, 자신의 형제 하나니가 고국 땅

'예루살렘'에 다녀왔다는 소식을 전해 듣는다.

> 거기서 사로잡힘을 면하고 그 도에 남은 자들이 큰 환난
>
> 과 능욕을 받았으며, 예루살렘 성벽은 무너졌고 그 성문
>
> 들도 다 불에 탔습니다._느 1:3, 바른성경

느헤미야는 이 말을 듣고 앉아서 울며 수일 동안 슬퍼하고,

하늘의 하나님 앞에 금식하며 기도하기 시작한다. 이때,

느헤미야의 기도에서 네 가지 특징(4Re)을 발견할 수 있다.

1. Recognize – 대상을 아는 기도

느헤미야는 '하늘의 하나님 여호와여, 크고 두려우신 하나님이여' 라고 고백을 하며 자신의 기도가 누구를 향하고 있는지 그 대상을 명확하게 고백하였다.

2. Repent – 회개하는 기도

느헤미야는 하나님 말씀을 떠나 우상숭배의 삶을 살던 이스라엘 자손의 죄와 자신의 아버지의 집, 그리고 자신이 하나님 앞에 범죄함을 낱낱이 고백하고 회개하였다.

3. Remember – 하나님의 약속을 기억하는 기도

느헤미야는 하나님께서 율법을 통하여 친히 이스라엘 백성들에게 하신 약속을 기억하며 하나님께 간구하였다. 하나님께 회개하고 돌아오기만 하면 하나님께서 하늘 끝에 있을지라도 불러 모으신다는 약속을 굳게 붙들고 기도하였다.

4. Request – 은혜를 간구하는 기도

느헤미야는 하나님의 은혜를 구하였다. 자신의 능력으로는
결코 해 낼 수 없는 일들을 반드시 이루어 내기 위해서는
하나님의 은혜가 필요함을 절실히 깨달았다.
그 결과, 왕의 가장 가까이에서 왕의 술을 맡은 관리장이
되었다(이 일은 성벽재건의 시작이 된다).

느헤미야의 기도를 통하여 우리의
기도의 대상을 바로 알고,
하나님 앞에 온전히 회개하며,
하나님의 약속을 굳게 붙들어,
하나님의 은혜를 구하는 기도를 하자.

46

하나님의 걸러내기

하나님은 우리가 우리의 힘으로 인생을 풀어 나가기를 원하지 않으신다.

그 일이 얼마나 크든 작든 상관없다. 중요한 것은 그것이

어떤 상황이든 간에 '하나님을 얼마나 의지하는가'에 대한 문제이다.

사사 기드온은 13만 5천 명이라는

미디안의 거대한 군사들과 싸우기 위해

이스라엘의 병사를 모집해야만 했다.

이때 이스라엘 전역에서 모인 군사는 3만 2천 명.

사람의 눈으로 보면 턱없이 부족한 수이다.

그러나 하나님께서는 기드온에게 이렇게 말씀하신다.

"너를 따르는 백성이 너무 많다. 이렇게 되면 내가 미디안

백성을 네 손에 붙이지 않겠다. 나는 너희가 스스로를

구원했다고 하는 것을 결코 보고 싶지 않다."

그리고 하나님께서는 기드온에게 특별한 사인을 주셨고,

그곳에 모인 3만 2천 명의 무리 중, 300명을 제외한

모든 사람들을 돌려보내셨다.

3만 2천의 병사들 중에 300여 명만 남았으니
정말 말 그대로 모인 수의 1%만 남게 된 것이다.
이제 어떤 전술과 방법을 쓴다 할지라도
이스라엘 군사들이 미디안 군대를 격파할 가능성은
제로에 가깝게 되었다.

그러나 하나님은 거르고 걸렀던 이스라엘의 300여 명의
용사들을 데리고 미디안의 군대를 완전히 격파하셨다.

하나님은 우리가 우리의 힘으로
인생을 풀어 나가기를 원하지 않으신다.
그 일이 얼마나 크든 작든 상관없다.
중요한 것은 그것이 어떤 상황이든 간에
'하나님을 얼마나 의지하는가'에 대한 문제이다.

아직도 세상은 거대하고 비대하게 큰 무리를 모아

우리와 싸우러 다가온다.

바로 이때 우리의 태도와 자세가 매우 중요하다.

세상의 방법과 똑같이 힘을 모으고

세상의 방법대로 맞서 싸울 것인가,

아니면 우리의 연약함을 인정하고 힘을 뺀 후

하나님을 더욱 의지하고 나갈 것인가.

내가 앞서 나가 나의 방법을 고수하는 동안

하나님은 결코 우리를 위하여 나서지 않으실 것이다.

그러나 우리가 하나님의 크신 위엄과 능력을 바라보며

그의 뒤에 숨어 옷자락을 붙잡고 의지한다면,

하나님은 자신을 위하여, 그리고 우리를 위하여

앞서 나가 대신 싸워 주실 것이다.

당신은 어떤 선택을 할 것인가?

세상의 소금으로
살아가기

소금의 결정적인 특징은 바로 '흔적 없이 사라지는 것'이다.

자신의 존재를 과시하기 위해 뿌려지는 곳마다 녹아지지 않고 살아서

그대로 남아 있다면, 소금의 기능을 상실하게 되는 것이다.

> 너희는 세상의 소금이니 소금이 만일 그 맛을 잃으면 무
>
> 엇으로 짜게 하리요 후에는 아무 쓸 데 없어 다만 밖에
>
> 버려져 사람에게 밟힐 뿐이니라_마 5:13

하나님께서는 우리를 세상의 소금으로 부르셨다.

이것은 우리의 확실한 정체성이다.

예수님의 부탁이나 권유가 아닌 강하고 힘 있는 명령이었다.

그렇다면 우리를 세상의 소금으로 부르신 이유는 무엇인가?

먼저는 부패를 방지하는 것이다.

부정과 비리가 난무하고, 악이 선을 뒤덮는 패역한 세대에서

정직과 성실, 정결과 거룩을 살아내는 역할을 부여하셨다.

우리가 소중하기 때문에 따로 감추어 두신 것이 아니라,

썩어 가고 냄새나는 세상 가운데로 보내시고

부패를 방지토록 하셨다.

또한 우리를 소금으로 부르신 이유는,

세상으로 하여금 맛이 나도록 하게 하기 위해서이다.

소금은 각종 요리에 감칠맛을 낸다.

소금이 들어가는 곳에는 소금으로 인하여 맛이 난다.

만약 우리가 정말로 소금이라면,

우리가 속해 있는 공동체가, 소그룹이, 가정이,

그리고 우리의 모든 모임이,

우리들로 인하여 소금 맛이 나야 한다.

당신으로 인하여 당신의 공동체는

그리스도의 맛이 나는가?

그리스도의 향기가 나는가?

그리스도의 사랑이 전해지는가?

소금의 결정적인 특징은 바로 '흔적 없이 사라지는 것'이다.
자신의 존재를 과시하기 위해 뿌려지는 곳마다
녹아지지 않고 살아서 그대로 남아 있다면,
소금의 기능을 상실하게 되는 것이다.

결국 소금의 삶을 살아내는 그리스도인의 자세는
나 중심의 이기적인 삶의 태도에서
이웃을 향한 이타적인 삶의 태도로 전환된다.
우리에게 명하신 세상의 소금으로써
진정한 맛을 내기 원한다면,
우리는 오늘도 여전히 녹아지고 닳아져서
흔적 없이 사라져야 한다.

48

세상의 빛으로
살아가기

당신의 빛이 약하다고 좌절하거나 절망할 필요 없다. 이 빛은 우리가

탁월하기에 빛나는 것이 아니다. 하나님의 거룩하시고 전능하심으로

인하여 빛이 나는 것이다. 그리고 이 빛은 결코 어두움에 지지 않는다.

너희는 세상의 빛이라 산 위에 있는 동네가 숨겨지지 못할 것이요 사람이 등불을 켜서 말 아래에 두지 아니하고 등경 위에 두나니 이러므로 집안 모든 사람에게 비치느니라 이같이 너희 빛이 사람 앞에 비치게 하여 그들로 너희 착한 행실을 보고 하늘에 계신 너희 아버지께 영광을 돌리게 하라_마 5:14-16

하나님께서는 우리를 세상의 빛으로 부르셨다.
이것은 소금과 함께 우리의 또 다른 정체성이 된다.
마찬가지로 이 역시 예수님의 부탁이나 권유가 아니라
강하고 힘 있는 명령이다.

그렇다면 우리를 세상의 빛으로 부르신 이유는 무엇인가?
그것은 바로 어두움을 밝히기 위해서이다.

빛으로 불림을 받은 우리가 어두운 곳이

어디인지 알지 못한다면,

우리는 그 빛을 결코 비출 수 없다.

세상은 너무 어둡다.

세상에는 빛이 너무도 필요하다.

그러나 우리 그리스도인들의 가장 큰 약점 중에 하나는,

우리의 빛을 밝은 곳에만 비춘다는 것이다.

'믿는 자들끼리만의 모임, 믿는 자들끼리만의 교제.'

그러나 우리의 빛은 교회가 아닌 세상을 향해야 한다.

빛은 절대로 어두움에 지지 않는다.

빛과 어두움이 공존하면 반드시 빛은 밝게 빛난다.

공중의 권세 잡은 자가 만들어 가는 어두운 세상 속에,

연약하지만 '우리' 라는 하나님의 빛이 비추일 때

어두움은 물러가고 새 빛이 자리 잡게 될 것이다.

당신의 빛이 약하다고 좌절하거나 절망할 필요 없다.
이 빛은 우리가 탁월하기에 빛나는 것이 아니다.
하나님의 거룩하시고 전능하심으로 인하여
빛이 나는 것이다.
그리고 이 빛은 결코 어두움에 지지 않는다.

당신으로 인하여
당신이 속한 그 공동체가,
당신이 만나는 그 사람들이,
당신이 있는 그 자리가,
하나님의 빛으로 밝게 빛이 나기를.

49

오후 다섯 시에 온 사람

이것이 천국의 원리이다.

하나님의 나라는 하나님의 뜻대로 이루어진다.

포도원 주인은 자신의 농장에서 일을 할

일꾼들을 얻기 위해 집을 나섰다.

이내 사람들을 찾게 되었고,

하루에 한 데나리온을 지급하기로 하였다.

이스라엘의 하루의 시작은 오전 6시이다.

따라서 성경에 나오는 제 삼시는 우리의 시간으로

오전 9시를 가리킨다.

주인은 오전 9시에 밖을 나가 보았다.

일과가 시작된 지 3시간이나 지났음에도 불구하고

아직도 일을 하지 않고 놀고 있는 사람들을 보게 된다.

그들이 안타까워 품꾼으로 고용할 것을 약속하고 자신의

포도원으로 불러들인다. 12시에도, 3시에도 마찬가지였다.

이렇게 포도원 주인은 일을 구하지 못하는 사람들을

발견할 때마다 자신의 포도원으로 불러들였다.

포도원 마감 시간 한 시간 전인 오후 다섯 시.

포도원 주인은 다시 장터로 나가 여전히 일을 구하지 못해

서성이는 사람을 발견하게 되고

역시 그를 불러들여 일감을 준다.

한 시간 뒤, 여섯 시가 되자 포도원의

모든 일이 마감되었다.

주인은 가장 늦게 포도원으로 들어온 일꾼을 불러다가

한 데나리온을 주었다. 모두가 깜짝 놀랐다.

고작 한 시간밖에 일하지 않은 자에게

한 데나리온을 주었다면,

하루 24시간 중 절반을 포도원에서 일을 한 첫 번째 온

사람들은 얼마나 많은 대우를 받는다는 것인가?

그런데 주인은 처음부터 함께 일했던 오전 여섯 시에 왔던
자에게도 동일하게 한 데나리온을 주었다.
이내 함께 일했던 모든 일꾼들은
또 다른 의미에서 경악을 금치 못했다.
오후 다섯 시에 온 자나 오전 여섯 시에 온 자나 주인은
모두 한 데나리온으로 그날의 품삯을 지불하였기 때문이다.

이것이 천국의 원리이다.
하나님의 나라는 하나님의 뜻대로 이루어진다.
세상의 경제 논리로 볼 때, 이 일은 한참 어긋나 보이지만
하나님의 나라는 세상 경제 논리로 움직이지 않는다.
주님은 먼저 된 자가 나중 되고, 나중 된 자가 먼저 되는
'천국의 비밀'을 포도원 농장의 일을 통하여 보여주셨다.

50

낯선 은혜

하나님의 은혜는 언제나 우리에게 낯설어야 한다.

하나님의 은혜는 당연한 것이 아니라,

언제나 우리가 감사해야 할 부분이다.

사람에게는 낯설다가도 익숙해지면
원래의 모습으로 돌아가는 습성이 있다.

연초에 다짐했던 우리의 결단도
시간이 흘러감에 따라 어느새 익숙해져 버렸다.

이제는 어떤 목표를 설정하고 달려 나가기보다는,
흘러가는 대로 생각하게 되고
흘러가는 대로 살아지게 된다.

그런데 이러한 일들이
우리의 신앙생활에서도 곧잘 드러나곤 한다.

처음에는 나에게 베풀어 주신 하나님의 은혜가 감격스럽고
너무도 감사해서 생각만 해도 눈물이 났는데,

언제부터인가 내가 원하는 대로 일이 이루어지지 않으면,
하나님을 원망하고 불평하는 연약한 모습을 발견하게 된다.

사실 내 것은 하나도 없으며 당연히 되어야 하는 것도 없다.
모든 것이 다 하나님의 은혜라고 고백하지만,
여전히 그 내면에는 내가 주인 되어 다스리려는
못되고 죄악된 습성이 잔재하고 있었다.

하나님의 은혜는 언제나 우리에게 낯설어야 한다.
하나님의 은혜는 당연한 것이 아니라,
언제나 우리가 감사해야 할 부분이다.

하나님보다 더 앞서가는 교만한 오늘날의 우리에게는
여전히 '낯선 은혜'가 필요하다.